「技能実習」「特定技能」受け入れを成功に導く

はじめての外国人材受け入れプロジェクト

アジア技術交流協同組合
代表理事 下茅 亮
Shimokaya Ryo

ダイヤモンド社

はじめに

「君にしか任せられない仕事がある」
以前よりお世話になっている方から、新たなお仕事のお誘いがあったのは、今から10年前のことです。

当時、私は新卒から勤めていた大手ＩＴ企業で、部長昇進を間近に控えていました。海外向けの事業企画の仕事はとてもやりがいがありましたし、これまでさまざまなチャンスを与えてくれた会社に、今度は恩返しをするつもりで定年まで全うしよう、そう思っていた矢先の、まさかの転職話。

私の心を大きく動かしたもの。それは、ほかでもない「インドネシアの若者を救ってみないか」という言葉でした。

自己紹介が遅れました。

「アジア技術交流協同組合（以下、ＡＳＥＡ：ASIA SKILL EXCHANGE ASSOCIATION

の略）」の代表を務める下茅《しもかや》と申します。

私たちＡＳＥＡは、日本の企業で技術を学ぶ「外国人技能実習生」と、国内で人手不足といわれている産業で大きな力になっていただく「特定技能外国人」の受け入れ支援を行っています。こうした団体は国内に数多くありますが、ＡＳＥＡの大きな特徴は「インドネシアの若者たち」を中心に受け入れている点です。

でもなぜ、インドネシアなのか。

ここで、少しだけ私の昔話にお付き合いください。

２０１０年ごろ、大手ＩＴ企業グループに勤めていた私は、グループ内の海外現地法人に対するコンサルティングプロジェクトに参加し、拠点となっていたシンガポールを中心に、タイ、マレーシア、インドネシアなどの東南アジア地域の現地法人を行き来する、忙しくも充実した毎日を送っていました。

ひとくちに東南アジアといっても、それぞれ言語、宗教、文化、そして仕事に対する向き合い方も異なります。いろいろな国の人たちと共に働き、時間を共有する中で、勤勉さ、おおらかさ、さまざまな点で、私はとりわけインドネシアの人たちに興味を惹かれました。

当時、インドネシアはまだまだ発展の途中。仕事をする環境として十分整っているとは言えない状態で、町を歩けば貧困の光景を目の当たりにすることも多々ありました。どんなに学びたい、働きたいという意欲があっても、今置かれている環境から抜け出すことができない――、それがインドネシアの若者たちの現実だったのです。

そんな、「生まれた場所である程度の人生が決まってしまう」という厳しい状況にいても、共に働いているスタッフは仕事に対する高い意欲を持ち、いつも笑顔を絶やさない。彼らと距離を縮めていくうちに、彼らの現地の友人たちとも交流をするようになり、「いつか日本に行ってみたい」「特別なスキルや手に職があれば、いい仕事につけるかもしれない」といった本音を耳にするようになりました。今の状況から将来の選択肢を少しでも増やす手助けをすることができたら……。

何か自分にできることはないだろうか？

私はその頃からぼんやりとしたビジョンを思い描くようになりました。数人の先輩や知人、友人に「いつかインドネシアの若者の力になりたい」と話してはいましたが、具体的に何かを、というアクションはできないまま数年が経ったある日、その言葉を覚えていてくださった方に、「君にしか任せられない仕事がある」と誘っていただいたのが、現在の仕事だったのです。

ただ、口にはしていたものの、「定年後に時間ができたら、ボランティアで何かできれば」くらいが現実的だろうと思っていた私は、突然舞い込んできた転職話に「是非！」と即答するほど心の準備はできていなかったのが正直なところです。

当然、家族は猛反対。私を説得するために田舎の母から30年ぶりに直筆の手紙まで届いたほどです。

会社からも思いとどまるように言われましたが、それでも意思が固かった私を最終的には快く送り出してくれました。

今思うと、良い上司や同僚に恵まれ、自らが働くことに喜びを感じていたことが、社会貢献活動をしたいという思いへとつながっていったのだと思います。

外国人材の受け入れを成功させるための手引き

熱意にあふれ飛び込んだ世界でしたが、インドネシアの若者を受け入れてくれる企業（以下、受け入れ企業）はそう簡単には見つかりませんでした。

技能実習生の受け入れ支援を主事業とする協同組合（監理団体）は、営利を目的としないため、企業への営業活動を積極的に行っていません。私にできることといえば、問い合わせがあった際に、この制度のしくみをできるだけ分かりやすく説明し、受け入れを検討されている方々の不安を取り除くことでした。

そして、実際に受け入れることになったら、ＡＳＥＡを信頼して選んでくださった企業の思いと、日本で実習をして、その働き方や技術を身に付けたいと考えるインドネシアの若者の思い、両方の間に入り、どちらにも「よかった」と思ってもらえるように誠実に対応する。その繰り返しでした。

その結果、ご紹介や口コミが広がって、最初の年は10社ほどしかなかった受け入れ企業が、翌年には2倍、翌々年には3倍……、と増えていったのです。

現在は、約２００社の受け入れ企業と、９社のアジアの送出機関と提携。これまでに受け入れた技能実習生は延べ２６００人に上ります。

そして今もなお、外国人材に関するご相談が後を絶ちません。それだけ、外国からやって来る若い力に期待が高まっているのだと日々実感しています。

また現在、現行の外国人技能実習制度から「育成就労」という新しい制度に変えて、その中身をより良くしようとする法改正が急ピッチで進められています。

こうした流れから、外国人材の受け入れについて知りたいと、注目が集まりつつあるのでしょう。

ただ、「受け入れには関心があるけれど、制度の中身が分かりにくい」という声を幾度となく耳にするほど、この制度が複雑なのも事実です。実際、異業種から転職した私も、はじめは理解するまでに時間がかかりました。転職して数年は受け入れ企業の担当者様とお話しする際に、この複雑な制度をいかにして分かりやすく伝えることができるか、試行錯誤の毎日でした。

そんな状況の中、前職で身に付けたプロジェクトマネジメント（PM）という手法に当てはめて整理すると、シンプルに考えられるようになったのです。

プロジェクトマネジメントとは、プロジェクト（目標達成のための一連の活動）を成功に導くための手法のこと。

なんだか難しそう……、と感じるかもしれませんが、【立ち上げ】↓【計画】↓【実行】↓【モニタリング】↓【終結】の各ステップを1つずつクリアしていけば良いので、実はとてもシンプルです。

本書でも外国人材の受け入れを1つのプロジェクトとして捉え、プロジェクトを成功へと導く手法としてご紹介いたします。

もちろん、ビジネスの現場で使用するプロジェクトマネジメントの手法をそのまま採用するのではなく、私がアレンジを加えた外国人材を受け入れるためのマネジメント方法として、より簡単にご紹介していきます（本書では、ＡＳＥＡが主に支援している技能実習生の受け入れを例として「外国人材受け入れプロジェクト」と呼びます）。

なぜなら、この本をまとめるにあたっていちばん意識したことは、一般的な制度説明の本にすることではなく、外国人材の受け入れを成功に導くためのヒントを盛り込むことだからです。法律の条文を、すぐに理解できる人はそうそういません。「これは難しいな」「読み進めるのが大変だ」と感じ、つい本を閉じてしまうこともあるでしょう。

それでは、せっかく外国人材の受け入れに関心をお持ちなのに、機会を逃すことになります。それは、企業にとっても、日本に大きな夢を抱いてやって来る海外の若者にとっても、残念なことです。

そこで、できるだけ分かりやすい表現や役に立つであろう実体験を交えて、この複雑な制度について紹介したいと思いました。「外国人材を受け入れてみたい」と思ったときに、最初に手に取る「手引き」の感覚で、読み進めていただければと思います。

第1章では、いま日本で注目を集めている「外国人技能実習制度」と「特定技能制度」の中身、変わりゆく法制度の行方などをお話ししていきます。

第2章では、実際に受け入れをすることになったときに遭遇するであろう、さまざまなシーンを想定し、食品会社で人事担当をしている架空の登場人物「スズキさん」を通して、「外国人材受け入れプロジェクト」を疑似体験していただきながら、外国人材を受け入れる際のステップを解説していきます。

第3章では、実際に受け入れ企業からよく聞かれる質問に「Q＆A」方式でお答えしていきます。

すべてを読んでくださった後に、「なるほど、こういうしくみになっているんだな、思ったより受け入れるハードルは高くないのかも」「よし、うちも検討してみよう」と、少しでも気持ちを前に向けていただけたら、これ以上の喜びはありません。

受け入れ企業にとっても、アジアの若者にとっても、どちらにも大きなチャンスにつながることを心から願っています。

アジア技術交流協同組合（ＡＳＥＡ）代表理事
下茅 亮

目次

第2章

ストーリーで解説！「外国人材受け入れプロジェクト」成功までのステップ

第3章

まだまだ知りたい「外国人材と働く」ということ　Q&A

※本書の内容は、ASEA のケースを基に記載されています。
監理団体や送り出し国、送出機関などによっては記載内容と実際の状況が異なる場合があります。
※本書では法令用語との整合性を考慮し、外国籍を有する方を「外国人」と表記している箇所があります。

第1章

外国人材を受け入れる前に知っておきたい5つの基礎知識

知っておきたい基礎知識①

日本で働く人の100人に3人が外国人!? 私たちはグローバル社会を生きている

最近、皆さんのまわりで「海外から来られた方を見かけることが増えた」と感じることはありませんか？　インバウンドの旅行者だけでなく、コンビニや飲食店の店員さん、ホテルやオフィスビルの清掃スタッフ、介護施設や工事現場で働く人たちなど。

実際、地方に出張に行った際など、流暢《りゅうちょう》に日本語を話すフロントや客室係の方を見かける機会が増えたと感じるのは、私だけではないと思います。

今、日本で生活をしながら何かしらの仕事に就いている外国籍の方がどれくらいいるか、ご存じでしょうか？

厚生労働省が2025年に公表したデータによると、その数は230万2587人。

この数は届出が義務化された2007年以降過去最多を更新しました。ただ、この数字を見ただけでは、それが多いのか少ないのかピンとこないかもしれません。

では、この数字と比べてみたらどうでしょう。

現在日本の人口は、1億2388万7000人（総務省人口推計、2024年8月時点）。そのうち仕事に就いている人の数は、約6811万人といわれています（総務省2024年12月労働力調査）。

ということは、日本で仕事をしている人のうちの約3％が、外国籍の方だということ。100人に3人。ひと昔前と比べると結構な数だと思いませんか？

そして、これからはさらにその数が増えていくだろうと予想されています。

在留資格によって職種・滞在期間が決められている

では、「日本で働きたい！」と思ったすべての海外の方が皆来日して、望みが叶うのかというと、そういうわけではありません。また、すでに来日されて日本で暮らしている方々はどんな仕事にも就けるのかというと、これも答えはＮＯです。

それを明確に分けているのが、「在留資格」です。

あまり耳なじみのない言葉かもしれませんが、ひとくちに「在留資格」といっても、中身はいくつもの種類に分かれています。その数なんと29種類！

その中には企業等に雇用されて日本で暮らすことのできる複数の「就労資格」があり、それぞれ就ける職種、滞在期間などが異なります。つまり、かなり複雑です。

そのため、「外国人材の力を活用して事業を拡大したい」「グローバルな視点を取り入れるために外国人材を受け入れたい」と思って調べ始めても、「そもそもそのしくみ自体がよく分からない」「手続きが難しそう……」と躊躇《ちゅうちょ》して途中で断念してしまう方も少なくないのです。

本書はさまざまな在留資格の中でも、近年特に受け入れ人数が増え続けている「技能実習」と「特定技能」について、ＡＳＥＡＮで実績の多い外国人技能実習生（以下、技能実習生、または実習生）の受け入れフローから、実習中のシミュレーションまで、私のこれまでの経験をもとに「外国人材受け入れプロジェクト」としてできる限り分かりやすく解説していきます。

まずは、似ているようで、実はその中身がまったく違う「外国人技能実習制度」と「特定技能制度」、この2つの制度について説明していきましょう。

（外国人技能実習制度に関する記述は、企業が監理団体のサポートを受けながら実習生の受け入れを行う団体監理型、特定技能制度は受け入れ企業が登録支援機関に支援の一部を委託するケースを想定しています）

知っておきたい基礎知識②

日本で「働く」外国人、日本で「学ぶ」外国人

日本で生まれ育った人からすると、海外から来られてオフィスや学校で働く方も、建設現場や工場で働く方も、コンビニや飲食店で働く方も、みんな同じ「日本で働く外国人」かもしれません。しかし、実際は日本に滞在する目的によって在留資格が異なり、就ける仕事にも違いがあります。

日本で働く外国籍の方の在留資格は、大きく次の４つが挙げられます。

① 専門的・技術的分野の在留資格
② 身分に基づく在留資格
③ 技能実習
④ 特定活動

図表① 外国人材の人数と割合を知ろう！

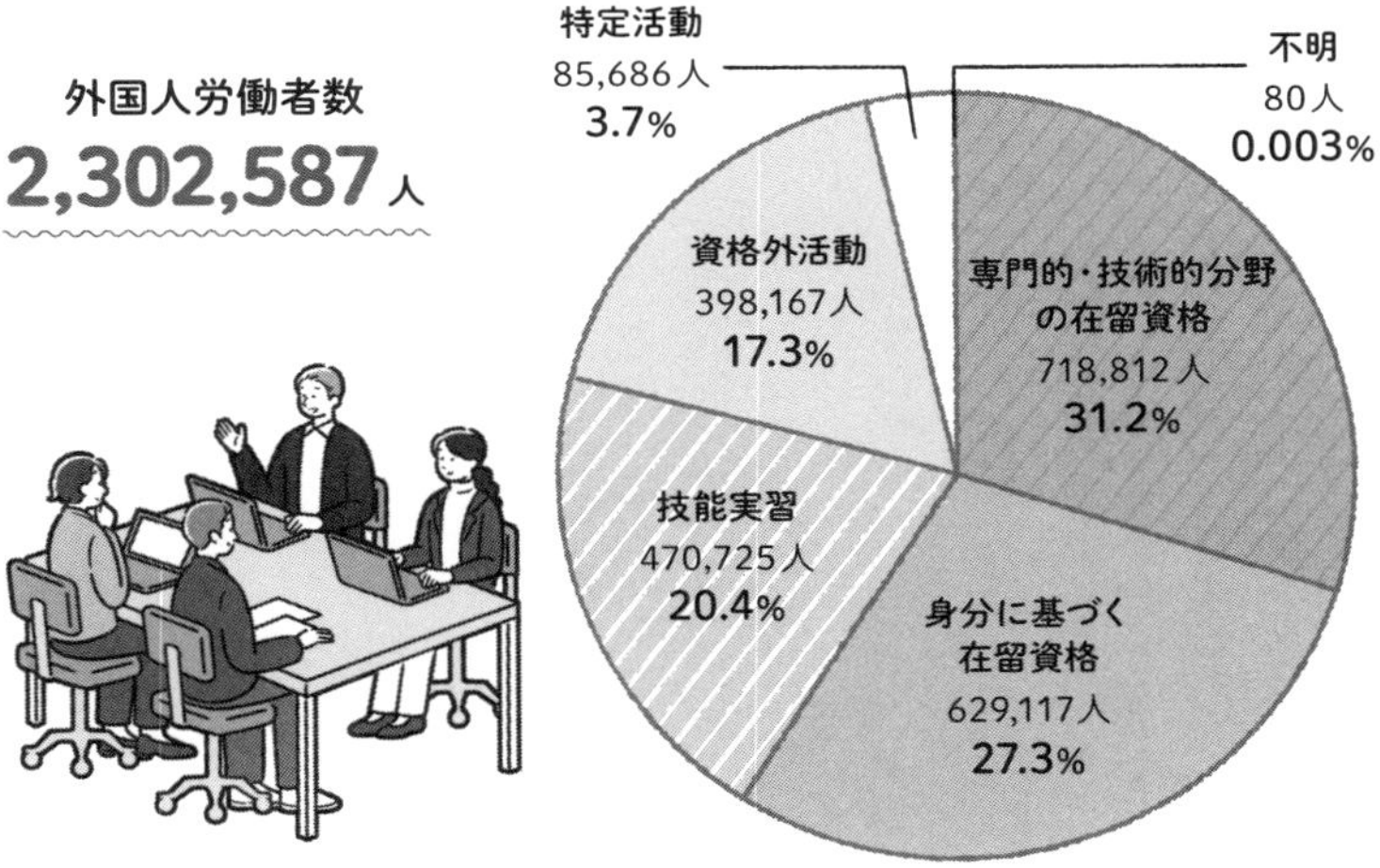

出典：厚生労働省「「外国人雇用状況」の届出状況まとめ（令和６年10月末時点）」

在留資格別人数を見ると、最も多いのが「①専門的・技術的分野の在留資格」で約72万人。２番目に多いのが「②身分に基づく在留資格」で約63万人。そして、３番目に多いのが「③技能実習」で約47万人となっています（図表①）。

でも、これだけでは、それぞれが一体どんな資格で、どのような職種に就けるのか分かりにくいと感じるでしょう。そこで、それぞれの中身について少し詳しくご説明していきたいと思います。

「①専門的・技術的分野の在留資格」

は、就労目的で在留が認められている方々が対象です。

専門的・技術的分野と聞いて、皆さんはどんな職業を思い浮かべるでしょうか？例えば、大学教授や政府機関の研究者、中学や高校などの語学教師、医師や看護師などの医療従事者、機械工学などの技術者やシステムエンジニア、さらには、外国の企業からの転勤者などもこの分類に入ります。そしてこの中には、「特定技能」の在留資格でやって来る外国籍の方も含まれています（特定技能の中身については、この後のページで詳しく説明します）。

つまり、ここに分類される方々は、「何かしらの専門的・技術的分野の仕事をするため」に日本にやって来た方たち、ということです。

「②身分に基づく在留資格」は、日本の永住許可を得た永住者、日本国籍保有者または永住者の配偶者や子ども、日系三世などの定住者を指します。

在留中に活動制限がないため、日本国籍を持つ人と同じように仕事を選ぶことができます。

「③技能実習」は、日本で技術を学ぶ方々が対象となります。

技能実習については、この後この本でじっくり解説していきますが、まずは「働くこと」が目的である「①専門的・技術的分野の在留資格」とは大きく違うということをご理解ください。

「④特定活動」は、ここまで説明してきた3つの在留資格のどれにも分類されず、法務大臣が個別に定めた活動として与えられる在留資格です。

EPA（経済連携協定）に基づく外国人看護師、介護福祉士候補者、ワーキングホリデーなどの活動が対象です。

また、正確に言うと在留資格には分類されないのですが、「資格外活動」という許可申請があります。

これは、在留資格で認められている活動以外で報酬を受けることを認める制度のこと。日本では、原則として在留資格の範囲内でのみ活動が認められていますが、特定の条件下でこの許可を得ると、就労系以外の在留資格を持つ外国籍の方も働くことができます。

例えば留学を目的に日本にやって来た外国の方が、本来の在留資格の活動に支障のない範囲で、週28時間まで仕事ができるというケースなどです。
皆さんがよく目にするコンビニや飲食店などでアルバイトをしている外国籍の方たちは、ここに含まれる場合があります。

ここまでの説明で、すでに「もう複雑すぎて分からない！」と思われる方もいるでしょう。でもご安心ください。「外国人材を受け入れる」と決めても、すべてを把握しておく必要はありません。ここでは、それぞれの目的に応じて在留資格が認められているということをご理解いただければ十分です。

図表② それぞれの在留資格について

① 専門的・技術的分野の在留資格

内容　就労目的で在留が認められている人

職種　大学教授や政府機関の研究者、医療従事者、外国の企業からの転勤者、特定技能外国人など

② 身分に基づく在留資格

内容　日本の永住許可を得た永住者、日本国籍保有者または永住者の配偶者・子ども、日系三世などの定住者

職種　制限なし

③ 技能実習

内容　日本で技術を学ぶ人

職種　農業や漁業、建設、食品製造など。ただし目的は技術の修得

④ 特定活動

内容　法務大臣が個別に定めた活動をする人

職種　外国人看護師やワーキングホリデー、インターンシップ、外交官等の家事使用人など

注）P.25図表①内「資格外活動」は本来の在留資格での活動に加え、許可を得て一定の条件下で就労する方を指します。

知っておきたい基礎知識③

「技能実習」と「特定技能」の違いについて

では、実際、日本で働く外国の方はどのくらい増えているのでしょうか？

前述したとおり、厚生労働省が２０２５年に公表したデータによると日本で雇用されて働く外国人の数は、２３０万２５８７人（２０２４年10月末時点）。

１年前の同じ調査では２０４万８６７５人だったのが、わずか１年の間に25万３９１２人も増加しています。

なかでも急増しているのが、「①専門的・技術的分野の在留資格」と「③技能実習」です。前年と比べると「①専門的・技術的分野の在留資格」が12万２９０８人（20.６％）増。その中でも突出的に増加しているのが「特定技能」で入国される方たちです。２０２３年は13万８５１８人だったのが、わずか１年で20万６９９５人、実に

49・4％も増加しているのです。

一方の「③技能実習」は、5万8224人（14・1％）増というこちらも驚きの数字が報告されています。

つまり、「技能実習」と「特定技能」いずれかの在留資格で日本にやって来る人の数が近年爆発的に増えているということです。

この2つ、どちらも「技能」という言葉が使われているためか、しばしば同じ制度だと勘違いされがちですが、実は、両者は異なる目的を持って生まれた制度です。

まずは、この誤解を解くことから始めていきたいと思います。

技能実習生は日本に技術を学びにやって来る

「外国人技能実習制度（以下、技能実習制度）」が創設されたのは、今から30年ほど遡った1993年。その目的は、母国では修得が困難な知識や技術をアジアの方たちが日本で学び、母国に持ち帰って、修得した技能等を自国の経済発展のために生かすといったものでした。

発展途上国の経済発展のための「国際貢献」の1つとして誕生した制度だったので、基本的に「労働力を確保する手段ではない」という理念のもと、当時は「研修」及び「特定活動（技能実習）」という在留資格で実習生を受け入れていました。

そのため、制度ができてしばらくの間、実習生は実質業務に携わっていても「就労者」には当てはまらないという理由から、労働保護法の対象外となっていました。

ところが、一部の受け入れ先で「実習」という名目で長時間労働をさせるなどの不正や人権問題が浮上。理想だけでは立ち行かない矛盾が課題となり、この制度の根本的な見直しが必要になったのです。

その後、2010年に「出入国管理及び難民認定法」、いわゆる入管法が改正施行され、新たな在留資格としての「技能実習」が誕生。技能実習生は労働関係法令や社会保険法令の対象になりました。

そして2017年には「技術の移転」という技能実習制度の本来の目的に沿った実習を適正に行っているかを監査する「外国人技能実習機構（OTIT）」が設立され、「外国人の技能実習の適正な実施及び技能実習生の保護に関する法律」、いわゆる技能実習法が施行されたのです。

これによって、不正や人権侵害への罰則が厳しくなり、技能実習生の学ぶ環境が飛躍的に改善・保護されるようになりました。

制度の話なので少し難しくなってしまいましたが、こうした背景もあり、近年、技能実習生として日本にやって来る海外の方が増加傾向にある、ということなのです。

ちなみに、日本にやって来る技能実習生の国籍・地域別の割合は、ベトナムが46.3％と全体の約半分を占め、次にインドネシアが21.4％、ミャンマーとフィリピンが8.2％、中国が6.6％という順になっています（図表③-①／令和5年度外国人技能実習機構業務統計）。

技能実習制度は「技能を修得すること」が目的のため、実習できる職種があらかじめ決められています。

今現在、認められている職種は91職種167作業（2025年1月時点）。その中でも建設関係の企業で実習をする技能実習生が最も多く、全体の23・6％を占めています。次いで食品製造関係が19・6％、機械・金属関係が13・1％、農業関係が7・2％、繊維・衣服関係が5・8％となっています。

その他の職種は、家具製作、印刷、製本、プラスチック成形、コンクリート製品製造、ゴム製品製造、塗装、溶接、工業包装、自動車整備、ビルクリーニング、介護、宿泊などが含まれています（図表③－②／令和5年度外国人技能実習機構業務統計）。

このように、様々な職種が該当するのですが、外食産業は技能実習に含まれていません。

しかし、レストランや居酒屋などの飲食店では、多くの外国籍の方が働いています。

では、彼らは一体、どのような在留資格を持って日本で働いているのでしょうか？

図表③ 技能実習生の国籍・地域別割合と職種割合

① 国籍・地域別　計画認定件数（構成比）

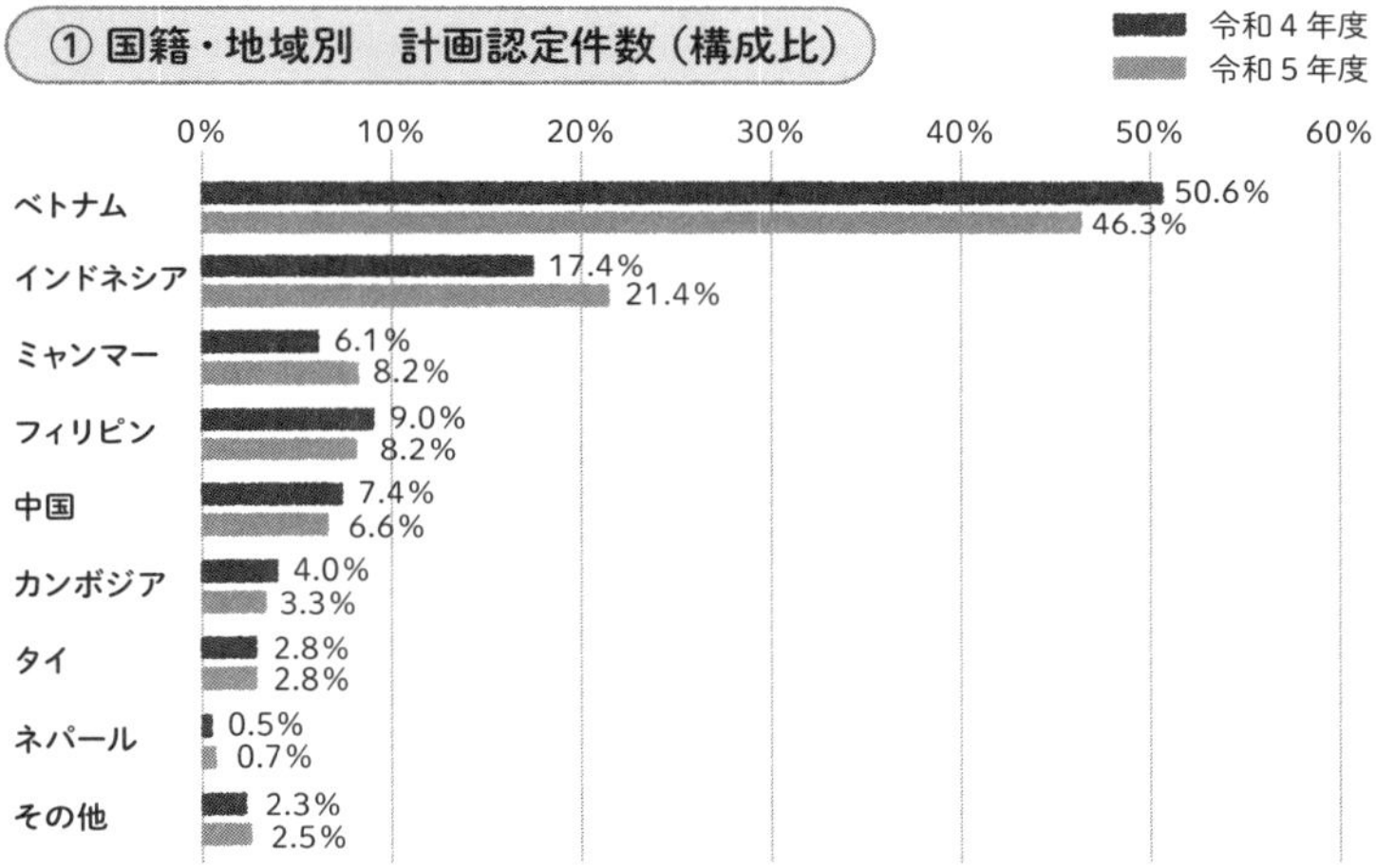

② 職業別　計画認定件数（構成比）

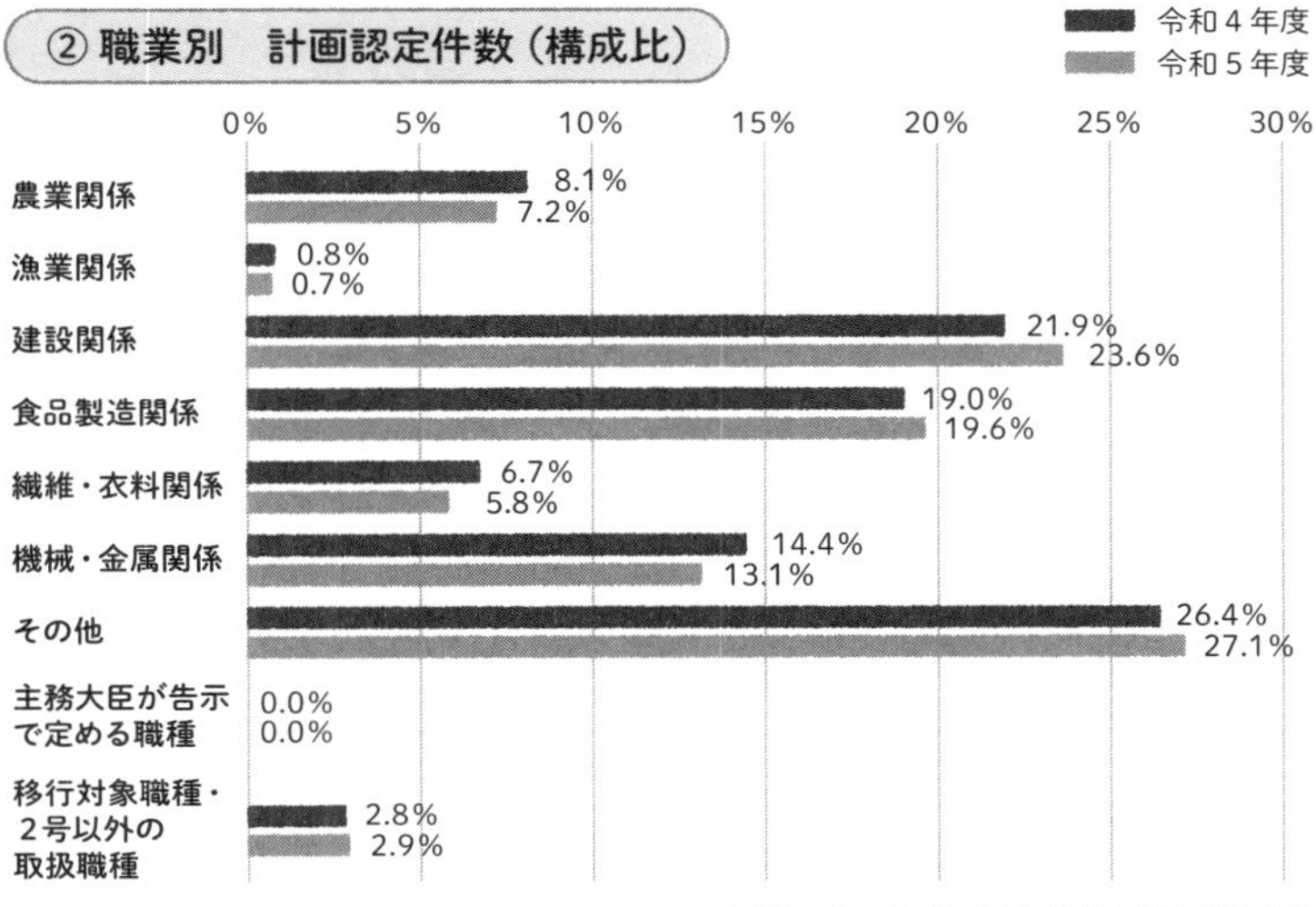

出典：令和５年度外国人技能実習機構業務統計

特定技能は人手不足の産業を支えてもらうためにできた制度

かつて飲食店で働く外国籍の方は、留学生が主流でした。しかし、日本に学業を目的にやって来る留学生には就労資格がありません。その代わり、学業に支障がない程度に、学校に在籍しながらアルバイトとして働く「資格外活動」が認められています。この資格外活動は基本的に1週間に28時間以内と定められています。

しかし近年、日本では少子高齢化が加速し、多くの産業で人手不足が叫ばれています。外食産業も然り。そこで、新たな働き手が必要となってきました。

その期待に応えるべく、2019年から受け入れが始まったのが「特定技能制度」です。

「特定技能制度」は、国内で人材を確保することが困難な状況にある産業分野において、一定の専門性・技術を持った外国人を「労働力」として受け入れる制度です。

「技能実習制度」と「特定技能制度」、この両者はよく混同され、どちらもその中身がよく分からず「外国人労働者」とひとくくりにされてしまいがちですが、**実はまったく異なる目的を持った制度**です。

「即戦力」が求められる特定技能外国人は、すでに就労分野の知識または経験を持っていることが条件です。また、日本語のレベルは日本語能力試験（ＪＬＰＴ）Ｎ４レベル以上または国際交流基金日本語基礎テスト（JFT-Basic）Ａ２以上の合格と、語学要件は高めに設定されています。

日本語能力試験Ｎ４レベルとは、日常的な場面で少しゆっくりとした会話であれば、その日本語を理解でき、基本的な漢字や語彙で書かれた文章が読めるくらいのレベルです。このように、ある程度の知識または経験と、日本語能力を持っていることが前提なので、「専門的・技術的分野の在留資格」に含まれる、というわけです。

特定技能１号で就労できる分野は、人手不足が深刻な介護、ビルクリーニング、工業製品製造業、建設業、造船・舶用工業、自動車整備、航空、宿泊、農業、漁業、飲食料品製造業、外食産業、自動車運送業、鉄道、林業、木材産業の16分野。そのほとんどが技能実習制度にも当てはまる分野です。

技能実習制度は、母国で学ぶことが困難な技能等を日本で修得することが目的の1つですから、同一作業ではなく多様な業務を経験し、幅広い技能を学ぶことが求められます。

また、現時点では、技能実習生はやむを得ない事情を除き、基本的に転籍が認められていませんが、特定技能外国人は、ある一定の条件を満たしていれば転職も可能です。

つまり、2つの違いを分かりやすく言うと、「学ぶことが目的」の技能実習、「働くことが目的」の特定技能ということです。

図表④ 「技能実習制度」と「特定技能制度」の違い

	技能実習	特定技能
目的	技術移転と国際貢献	人手不足の解消
職種	91種類167作業	1号：16分野 2号：11分野
技能のレベル	入国前に同一業務の経験あり	就業分野における相当程度の知識または経験が必要
語学要件	特になし（※1）	1号：日本語能力試験N4以上、または国際交流基金日本語基礎テストA2相当以上（※2） 2号：日本語試験は不要（※3）
転籍／転職	基本的に不可（やむを得ない事情を除く）	条件次第で転職可
在留期間	1号1年、2号2年、3号2年で最長5年	1号：通算5年 2号：制限なし
受け入れ人数枠	あり（常勤職員数等にて決定）	制限なし（※4）
家族の帯同	不可	2号のみ可（要件あり）

※1 介護職種のみJLPT N4レベルの日本語能力要件あり
※2 技能実習2号を良好に修了した場合は免除
※3 一部の分野を除く
※4 一部の分野を除く

「技能実習」も「特定技能」もキャリアアップができる

「技能実習」と「特定技能」の在留資格にはそれぞれ区分があります。ここでいう区分とは、習熟度を表すランクのようなもの。

技能実習の在留資格の区分は、大きく技能実習1号・技能実習2号・技能実習3号の3つです。

入国1年目の技能実習生は技能実習1号の在留資格で、「技能の修得」が目的。技能実習は受け入れ企業が中心となり、監理団体の監理と指導を受けながら実習生をサポートして、技能の修得を進めていきます。実習期間は1年間で、基礎的な実技試験と学科試験に合格することが目標の1つです。

この試験に合格すると、在留資格を技能実習2号に変更し、さらに2年間実習を継続できます。技能実習2号に移行できる対象職種は、91職種167作業に限定されます。

受け入れを検討される際は、2号対象職種に自社の業務が該当しているかを見ることもポイントです。

技能実習2号は「技能の習熟」が目的で、応用レベルの技能検定随時3級、または技能実習評価試験専門級に合格することが1つの目標となります（本書では、「技能検定」の表記に「技能実習評価試験」が含まれる場合があります）。

これをパスすると技能実習3号に在留資格を変更でき（受け入れるには企業及び監理団体が優良要件を満たす必要あり）、さらに2年間、日本に滞在することができます。3号の目的は「技能の熟達」。ただし、82職種163作業に限定されます。

一方、同分野の技能実習2号を良好に修了していれば、通常は技能試験と日本語試験が必須となる特定技能1号の在留資格に試験なしで移行することもできます。在留資格が特定技能1号になると、通算して5年間、日本で就労することができます。

さらに、特定技能の在留資格には特定技能2号という区分があります。以前は「建設」と「造船・舶用工業」の2分野しか認められておらず、特定技能2号の在留資格を取得できる人はごく一部に限られていましたが、2023年から「介護」を除く11分野が該当するようになり、より門戸が開かれるようになりました。

在留資格が特定技能2号になると、「熟練した技能を持つ人」と見なされ、在留期間に上限がなくなり、母国から配偶者や子どもを呼んで、日本で一緒に暮らすことも可能になります。

こうした理由から、近年、特定技能の在留資格を取得される方が急増しています。

「技能実習制度」と「特定技能制度」は異なる背景から生まれた制度ですが、このようにどちらも**キャリアアップできるしくみ**になっています（図表⑤）。

図表⑤ 「技能実習制度」と「特定技能制度」のキャリアアップ

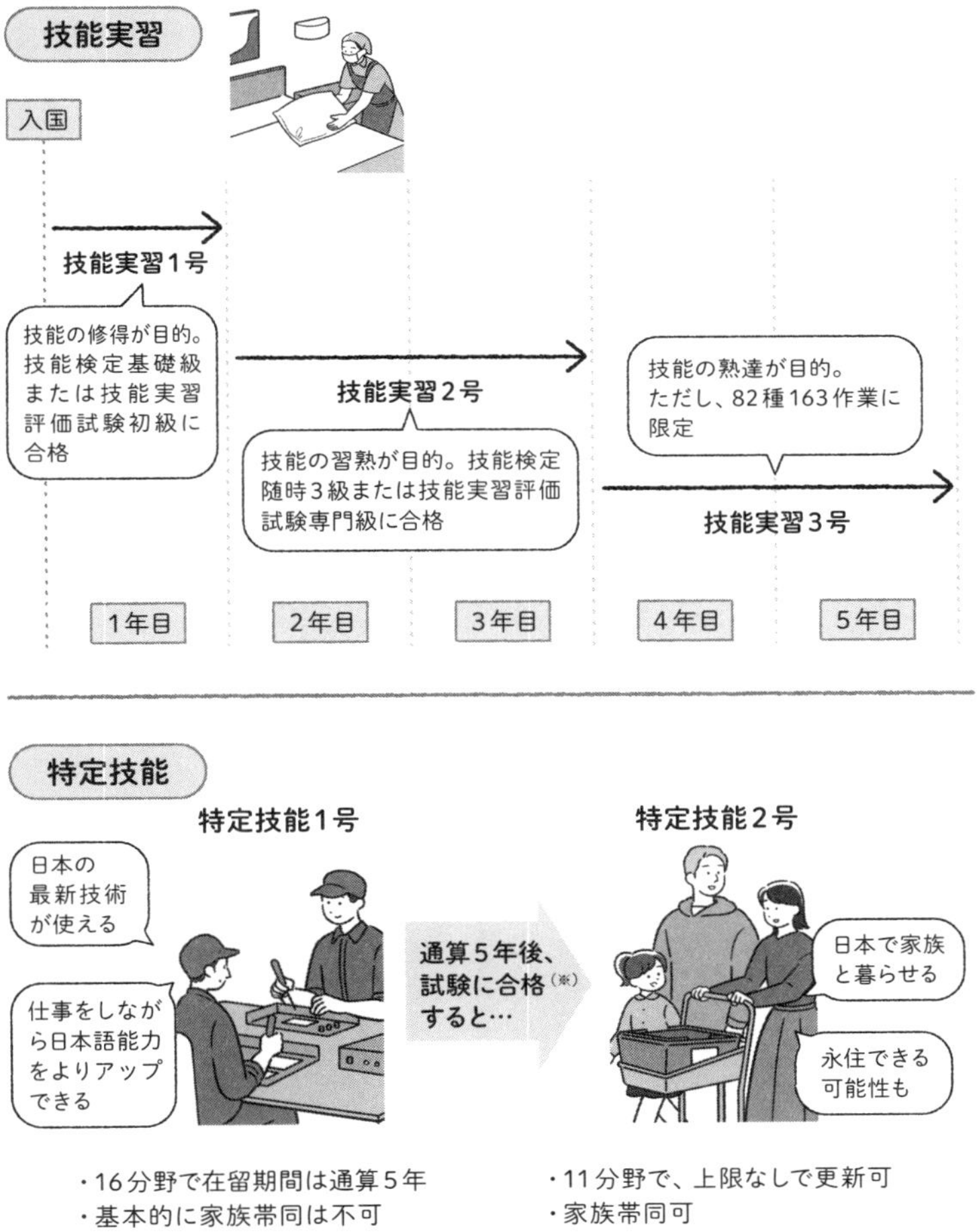

※ 実務経験の証明、特定技能2号評価試験に合格した場合（一部の分野では日本語能力試験の合格要件あり）

知っておきたい基礎知識④

新制度「育成就労」で何がどう変わる？

さて、ここまで「技能実習制度」と「特定技能制度」の違いについて説明をしてきました。ここで1つ大事な情報があります。

近年、ニュースなどで「育成就労」という言葉を聞いたことはありませんか？「育成就労制度（以下、育成就労）」とは、2027年から施行となる見込みの新しい外国人材受け入れ制度のこと。

技能実習制度がどのような目的で誕生した制度なのかは前述した通りですが、誕生からこれまで、いくつかの改正がくり返されてきたことで、日本に技術を学びにやって来る実習生を取り巻く環境は以前よりは改善されてきました。

しかしそれでも今もなお、一部の受け入れ先で労働力として見なされていたり、技能実習生の立場の弱さが指摘されたりと、本来の目的と現実の乖離《かいり》が社会問題になっています。

こうした実情を改善していくために、新たな制度として設けられるのが、この「育成就労」です。

育成就労の目的は「人材育成」と「人材確保」

育成就労の目的は主に2つです。

1つは、現状と乖離している技能実習制度の見直し。そしてもう1つは、深刻化する日本の労働力不足の解消です。

少子高齢化が加速し、人手不足が深刻化しているのは日本だけではありません。近隣の韓国や台湾、欧米諸国など、世界の多くの国や地域でも同じような問題を抱えています。

こうした中、「選ばれる国」になるためには、異国で働き口を求める方たちにとって魅力のある制度を構築していくことが重要になります。

私たちが就職や転職の際、同じ仕事をするのなら、できるだけ条件のいい会社を選ぶのと考え方は同じです。

そこで、今回の法改正では、現状の技能実習制度の問題点を考慮し、新たに「人材育成（技能と日本語の修得）」と「人材確保（人手不足の解消）」という2つの目的を一本化しました。

これにより、これまで技能実習制度において指摘されていた課題を解決するとともに、「育成就労制度」で技能を修得した外国籍の方が、その後「特定技能制度」に移行して日本で働き続けることができるしくみになります。

では、「育成就労」が始まることで、具体的に何がどう変わるのでしょうか？

最も大きく変わる点は、国際貢献が目的の1つである技能実習制度に対し、育成就労制度は特定技能1号水準の技能を持つ人材を育成すること、また国内で人手不足が深刻化している産業分野の「人材の確保」が主な目的になることです。

簡単に言ってしまうと、日本で修得した技能を、母国で活用するだけでなく、ぜひそのまま日本に残ってもらい「即戦力」として活躍してほしいという考えです。

現在、技能実習では91職種167作業が対象となっていますが、育成就労では「人材の育成と確保」が主な目的となっており、特定技能の産業分野が対象になる見込みです。

せっかく修得した技術を使い、そのまま日本に残って働いていただきたい、そんな企業の切実な思いを叶えるのが、この新しい制度なのです。

また、大きな改正ポイントとして注目されているのが、技能実習では基本的に認められていない転籍が、育成就労では条件付きで認められているという点でしょう。

ただし、まだ不確定な部分も多く、今後の動きを見ていく必要があります。本書では、こうした法改正を前に改めて注目されている外国人材の受け入れについて、ＡＳＥＡＮで実績の多い技能実習をメインに解説をしていきます。

今後、移行期間を経て技能実習制度から、育成就労という新しい制度に生まれ変わりますが、外国の方と働く心構えや基本的な流れは共通する部分が多くありますので、ぜひ参考にしてください。

図表⑥ 「育成就労」になったら何が変わるの？

技能実習		育成就労
人材育成と国際貢献	目的	人材育成と人材確保
技能実習1～3号の場合は、最長5年	在留期間	3年
入国前に同一職種の経験が必要。介護のみ日本語能力試験N4レベル以上	受け入れ条件	日本語能力試験N5レベル相当以上（※）
91業種167作業	職種	特定技能1号に準ずる予定
基本的に不可（やむを得ない事情を除く）	転籍	一定の条件を満たせば同一業務区分内で認められる
母国にて技術移転をする、または、技能実習2号を良好に修了すれば、同分野の特定技能1号に無試験で移行可能	キャリアプラン	技能に係る試験及び日本語能力に係る試験に合格すれば特定技能1号に移行可能

※基本的な日本語を理解できるレベル
注）育成就労に関しては2025年1月時点での方針のため、今後変更になる場合があります。

知っておきたい基礎知識⑤

外国人材はいくつものステップを踏んで日本にやって来る

では、外国人材を受け入れたいと思った場合、まずは何から始めたらよいのでしょうか？

「技能実習」、または「特定技能」制度のもとで外国人材を受け入れる際、多くの場合、海外と日本の受け入れ企業の間で調整を行う機関や団体と契約を結びます。技能実習の場合は「監理団体」、特定技能の場合は「登録支援機関」が、それにあたります。私たちＡＳＥＡはこの両方を担っています。

「技能実習制度」と「特定技能制度」では人材の受け入れまでのステップはそれぞれ異なります。ここでは、技能実習生の受け入れまでのステップを、提携している送出機関の1つを例にご紹介します。

技能実習生受け入れまでの8つのステップ

【STEP1】監理団体の決定

外国人材を受け入れてみたい。でも、初めての外国人材の受け入れは「何から始めていいのか分からない」「そもそも『技能実習』と『特定技能』のどちらを選んでいいのか分からない」など、いろいろな不安があるはずです。そこで、まずは**気になることを監理団体に問い合わせ・相談する**ことから始めてみましょう。

実は、ひとくちに「監理団体」といっても、それぞれ受け入れに強い国、業種があります。まずは複数の監理団体に問い合わせをして、初回の面談などで「外国人材の受け入れを併走してくれる心強いパートナーとなってくれる団体はどこか」という視点で監理団体と話してみることをおすすめします（監理団体を選ぶ際のポイントは第3章で説明します）。

【STEP2】送出機関に募集を要請

監理団体が決まったら、受け入れる実習生の人数を決めます。そして募集人数が決まったら、監理団体を通して、現地の送出機関に募集をかけます。

送出機関とは、現地で候補者を募集し、日本へ送り出す機関のこと。いくつかの日本語学校と提携をしていて、日本から実習生の募集があるたびに声をかけるといったリクルーター的な役割を担っています。また、日本へ送り出す前の企業面接の実施や入国へ向けた研修も行っています。

企業の特徴や実習環境、そして企業の要望を監理団体がヒアリングし、現地の送出機関を通じて「日本のこんな会社が技能実習生を募集している」という情報を提供して募集をかけます。

【STEP3】現地またはオンラインで面接

現地では、送出機関の募集に手を挙げた人の中から、日本語レベルなどの審査をクリアした人が絞られ、面接に進みます。

面接する人数は、だいたい募集人数の約3倍。ASEANの場合は、5人の実習生を受け入れたいなら、約15人を目安にしています。面接には送出機関、監理団体も立ち会います。現地で行うか、オンライン面接にするかの選択も可能です。

【STEP4】送出機関で約3～4カ月間の研修

最終面接を通過した技能実習生は、現地の送出機関で約3～4カ月間の研修を受けます。研修施設で過ごしながら、日本語学習、日本式マナー（礼儀・生活習慣）の講習や体力づくりなどを行います。

ごみの分別から、自分の身を守るための知識として交通ルールや自転車の乗り方など、日本で暮らすうえで必要な知識もしっかり学びます。

ある送出機関の研修内容を例に挙げると、日本語学習以外には、「実習の基礎知識」「日本文化・社会の理解」「数学」「総合的な健康管理」などがあります。これらの内容を学びながら、日本に行くための準備を約3～4カ月間かけて行うのですが、実はこれらの費用のほとんどは実習生が負担します。

講習費は国によって多少の違いはありますが、決して安くはありません。つまり、実習生たちはそのくらいの強い意志を持って日本にやって来るということなのです。

●送出機関の研修カリキュラム一例（日本語学習以外のもの）

①実習の基礎知識

- 仕事内容を把握する
- 安全管理を学ぶ
- 職場でよく見る漢字の意味を理解する
- 機械や作業道具の名前を聞いて理解し、自分で言えるようにする
- 機械の不具合や作業上の問題を簡単に日本語で説明できるようにする
- 日本語の簡単な指示や注意を聞いて理解できるようにする
- 実際の実習内容に従って練習する

②日本文化・社会の理解

- 一般的なごみの分別について理解する
- 「禁煙」「ごみを捨てないでください」などの社会的なルールや日本式マナーに関する情報を見て理解する
- 交通標識を見て理解できるようにする

③数学（計算など）

- 寸法の測定
- 長さ・重さの単位
- 体積と表面積の計算

④総合的な健康管理

- 筋力トレーニング／ランニング
- 衛生管理
- ストレス管理

【STEP5】入国申請手続き

最終面接後、送出機関の研修と並行して、在留資格認定証明書やビザの申請などの入国申請手続きを進めていきます。企業には必要書類を用意していただき、煩雑な手続きは代理人として監理団体が行います。

【STEP6】技能実習生来日

送出機関での約3～4カ月間の研修を修了したら、いよいよ技能実習生が日本にやって来ます。監理団体または講習センターのスタッフが空港で出迎え、講習センターへ向かいます。

【STEP7】講習センターで約1カ月間の講習

講習センターとは、技能実習生が日本入国後に講習を受ける施設のこと。技能実習生が日本で最初に滞在する場所になります。入国後、実習生はここで、約1カ月間の講習を受けます。講習センターでは日本語学習、生活一般知識、法的保護講習、技能・専門知識の習得など、現地で学んできた研修内容をさらに広く深く学びます。

【STEP8】受け入れ企業に配属、実習スタート

現地で約3～4カ月の研修、国内で約1カ月の講習、計約4～5カ月間の研修・講習を受けてきた技能実習生が、いよいよ受け入れ企業に配属されます。まずは、基礎的な技能の習得からスタート！ そして、少しずつ専門性の高い技術を身に付けていきます。実習の進め方については、第2章で説明していきます。

募集から配属までは、平均約8カ月間と考えていただくと計画通りに進めていきやすいかと思います。

このように技能実習生は、実習前にたくさんのことを学び、いくつものステップを踏んで日本にやって来るのです。

さて、ここまで読んでいただき、「技能実習制度」と「特定技能制度」の目的の違

いや、新たに始まる「育成就労」の基礎知識を持っていただけたかと思います。

しかし、初めて外国人材を受け入れる際には、いろいろな不安がつきもの。

そこで、次の章では、受け入れ企業がどのようなステップを踏んで外国人材の受け入れを行っていくかを、技能実習生の受け入れを例に、ストーリー形式で疑似体験していただこうと思います。技能実習の開始から修了、さらにその先までをより詳しくお伝えしていきます。

図表⑦ 技能実習生受け入れまでのステップ

STEP 1　監理団体の決定（問い合わせ・申込み）

↓

STEP 2　送出機関に募集を要請

↓ 約2カ月

STEP 3　現地またはオンラインで面接

↓ 約1カ月

STEP 4　送出機関で約3〜4カ月間の研修

↓ 約3〜4カ月

STEP 5　入国申請手続き

STEP 6　技能実習生来日

↓

STEP 7　講習センターで約1カ月の講習

↓ 約1カ月

STEP 8　受け入れ企業に配属、実習スタート

※ ASEA が提携している送出機関を例にした期間と STEP

第2章

ストーリーで解説！「外国人材受け入れプロジェクト」成功までのステップ

「外国人材を受け入れること」は企業にとっては大きなプロジェクト

突然ですが皆さん、「プロジェクトマネジメント（ＰＭ）」という言葉はご存じでしょうか？

プロジェクトマネジメントとは、あるプロジェクトを成功へ導くために、綿密な計画を立てて、人材、品質、コストなどを管理し、期限内に成果を上げるために適切にマネジメントを行っていく手法をいいます。

なんだか急に難しい話が始まったな、と思われた方もいるかもしれませんが、もう少し話を続けさせてください。

プロジェクトマネジメントというと、日本ではＩＴ業界の考え方と思われがちですが、「目的」と「期限」のあるもの（＝プロジェクト）に複数のメンバーと取り組むというシチュエーションであれば、実はどんなことにも活用することができます。

例えば、学校の家庭科で行う調理実習。

授業時間内に班ごとに分かれてカレーライスをつくるという課題が出たとします。家でカレーを作るなら、1人で買い物から調理、配膳、片付けまでできるかもしれませんが、複数のメンバーと取り組む場合には、最初に「いつ・だれが・何をするか」それぞれの役割を決めておかなければなりません。

また、「カレーを作る」というゴールを共有していなければ、誰かがシチューを作ってしまう可能性だってあります。ほかにも、みんながじゃがいもの皮むきを一斉に始めたり、逆に誰かがやってくれるだろうと人任せにしてしまう可能性もあります。そうなると、時間内においしいカレーを作るなんて夢のまた夢、という状況に陥ります。

このような状態を回避するための便利な考え方がプロジェクトマネジメントです。

プロジェクトはメンバーが多ければ多いほど、その中身が複雑になっていきます。新しいシステムを開発する、ビルを建てるなどの大きなプロジェクトになると、そのプロジェクト全体をマネジメントしていくプロジェクトマネージャーという役割の人を立てなければ、プロジェクト自体が進められないというケースもあります。

「はじめに」でお伝えしたように、私は今の仕事に就く前はＩＴ業界で長く働いていました。その際にこのプロジェクトマネジメントに関する資格であるＰＭＰ（Project Management Professional）を取得しました。

正直な話、そのときは「必要に駆られて」勉強し、取得した資格だったのですが、この考え方を常に意識するようになると、仕事がとてもうまく回っていくことに気づいたのです。それからは、どんな場面でも、プロジェクトマネジメントの手法をベースに考えるクセがつきました。

プロジェクトマネジメントのメリット

プロジェクトマネジメントのメリットを簡単にまとめると、「いつ・だれが・何をすれば目標に近づけるか」を明確化・共有できることです。

仕事（プロジェクト）は、よほど個人の手腕に任されているものを除き、ほとんどは複数のメンバーと一緒に行っていきます。皆が同じ目標に向かっていくには、「なぜそれをやるのか」という共通の目的意識（ゴール）と、「今何をし、この先何をする必要があるか」ということを共有しておくことが不可欠。そうでないと、みんなが好き勝手に動いてしまい、チームとしてまとまりません。

本書のテーマである「外国人材の受け入れ」、とりわけ技能実習生の受け入れをスタートすることも、企業にとっては一大プロジェクトであることに変わりはありません。

この章では、受け入れ企業にとっては初めてのプロジェクトとなる「外国人材（技能実習生）の受け入れ」を成功に導くための一つひとつのステップを、プロジェクトマネジメントの考え方に落とし込んで説明していきたいと思います。

ただし、プロジェクトマネジメントについてご存じの方ならお分かりいただけるように、プロジェクトマネジメントを1から説明しようとすると、それだけで1冊の本になってしまうほど、内容は複雑かつ多岐にわたります。

そこで、本書では技能実習生の受け入れケースに私がアレンジを加えた「外国人材受け入れプロジェクトマネジメント」として、極力シンプルに分かりやすくご紹介できればと考えました。

「いやいや、ただでさえ複雑な制度なのに、プロジェクトマネジメントなんて初めて聞く単語まで出てきたらさらに分からなくなっちゃうよ」という声も聞こえてきそうですね。でも、ご安心ください。

初めは耳慣れない言葉が出てくるかもしれませんが、できる限り分かりやすい言葉や例を使ってご説明していきたいと思います。

「外国人材受け入れ」を成功させる4つのステップ

本来、プロジェクトマネジメントにはいくつかのステップが存在しますが、本書でご紹介する「外国人材受け入れプロジェクトマネジメント」では、大きく次の４つのステップを踏んで、進めていきます。

- STEP1【立ち上げ】
- ↓
- STEP2【計画】
- ↓
- STEP3【実行・モニタリング】
- ↓
- STEP4【終結】

※本来のプロジェクトマネジメント（PM）は、「立ち上げ」↓「計画」↓「実行」↓「監視・コントロール」↓「終結」のプロセス群で行われます。それぞれの手順がさらに細分化されており、計49のプロセスで実行されていきます。

ＳＴＥＰ１はプロジェクトの「立ち上げ」です。

ここでは、まず、外国人材を受け入れる目的を設定します。そして、その目的を達成するための方法として、技能実習が適しているかどうかを検討し、最終的に受け入れるかを決定します。

例えば、「会社の活性化」や「自社が海外展開した際の人材を育てる」といったゴールを持つことで、その後の計画が立てやすくなります。

また、海外から技能実習生を受け入れる際には、実習生を受け入れる企業の体制がきちんと整っているかを確認する必要があります。

「人材育成」と「国際貢献」が目的の技能実習制度では、プロジェクトを成功させるために重要な役割を担当する方がいます。例えば、技能実習生の受け入れに関わる全スタッフを監督する立場の人、実習生に技能を指導する人、生活面などでフォローをする人、などです。しかし、その役割さえ設定しておけばいい、というわけではありません。

職場に初めて外国の方を受け入れるときは、「母国語の違う人たちとどうやってコミュニケーションを取ったらいいの?」「宗教や文化の違う人とどう接していいのか分からない」などの不安の声が上がるかもしれません。そうした中で、一緒に働く従業員の理解を得ることはとても重要です。

従業員が納得し、受け入れる土壌ができていると判断できたら、STEP2の「計画」の工程に入ります。ここでは、受け入れから修了までの企業としての計画や具体的な実習計画を作成していきます。

もともと技能実習制度では、受け入れ企業が実習生にきちんと実習を行うための「技能実習計画書」という計画表を作成することが決められています。

またまた大変そうだな、と思われたかもしれませんが、実際には監理団体の支援の下で計画を作成していきますので、身構えなくても大丈夫です。

プロジェクトマネジメントに「計画」が不可欠であるように、技能実習にも「計画」が不可欠。こうした点からも「技能実習生の受け入れ」とプロジェクトマネジメントの手法はとてもマッチしているのです。

「計画」は、単に「いつ・誰が・何をするか」といった予定だけでなく、受け入れにかかるコストや、もしかして起こりうるかもしれない様々なリスクを想定しながら立てていきます。こうして、しっかり計画を立てた後に、実習生の選抜を行います。

実習生の選抜が終わり、いよいよ受け入れる段階になったら、次の「実行・モニタリング」のステップへ進みます。

本来のプロジェクトマネジメントでは、「実行」と「モニタリング」は分けて記述されますが、「外国人材受け入れプロジェクト」では、この2つを同項目で説明します。

「実行」は文字通り、STEP2で作成した「計画」に沿って実行していくことですが、人が関わるもの、特に言語が異なる方が相手の場合、計画に沿って進めていても、実習生の日本語のレベルがまだ足りなくて実習に遅れが出てしまうこともあります。

突然の病気やケガ、途中帰国で実習がストップするなど、予期せぬことが起こらないとも言い切れません。そこで、STEP3では「実行」しながら、それと並行して「モニタリング」も行っていきます。

「モニタリング」は、日本語に訳すと監視・観察・観測などの意味になります。つまり、実習が計画通りに行われているかをチェックする、という工程です。

そして、「モニタリング」を通して見えてきた様々な課題に対しては、その都度、改善策や解決策を考えて実行し、目標達成を目指します。例えば実習生の日本語の理解がまだおぼつかなくて作業に遅れが生じてしまったとします。そのような場合には、実習生が理解しやすいように、指示を出すときにはゆっくり話してあげるよう、従業員みんなに周知するなどの対策をすると良いでしょう。

そして、最後のステップは「終結」です。技能実習制度そのもののゴールは、「実習生が技能を修得し、母国の経済発展に寄与すること」ですが、企業にとっての大きなプロジェクトと考えたときには、外国人材の受け入れが企業にとってどんな効果をもたらしたか、どんな課題を残したかなどを振り返ることも大切です。

それが、今後の企業の発展につながるよい機会となるからです。

本書では、ここまでを通して「外国人材受け入れプロジェクト」とします。

ここまで読んでいただき、おおよそのステップの流れはつかんでいただけたのではないかと思います。

でも、実際に実習生を受け入れることになったとき、一体どんな課題に直面するのか具体的なイメージがわかない、というのが正直なところでしょう。

そこで、ここからは皆さんが「技能実習生を受け入れる」というシチュエーションを疑似体験できるよう、今回初めて技能実習生の受け入れを検討することになった食品会社・〇△フーズ（架空の会社）で人事を担当しているスズキさんを主人公に、スズキさんが抱える疑問や不安、そしてその解決案とともに、「外国人材受け入れプロジェクト」の成功までのステップを、ストーリー形式で解説していきたいと思います。

会社の規模や業界によって多少状況が変わってくることはありますが、初めて外国人材を受け入れるときに感じる疑問や不安などはどの企業にも当てはまると思いますので、ぜひ参考にしてみてください。

図表⑧ 「外国人材受け入れプロジェクト」の進め方

STEP 1 立ち上げ

目的を設定する。外国人材の受け入れを検討・決定し、関係者を洗い出す

STEP 2 計画

「いつ・誰が・何をするか」に加え、受け入れに対してかかるコストなどを計画し、起こりうるリスクも想定しておく

STEP 3 実行・モニタリング

プロジェクトを実行し、それらが計画に沿って実行されているかチェックする

STEP 4 終結

今回のプロジェクトで得られた効果や課題などを振り返り、記録しておく

STEP1【立ち上げ①】

分からないことがあったら監理団体に何でも聞いてみよう

技能実習生受け入れの検討と決定

STORY

従業員100人ほどの食品会社、○△フーズ人事部のスズキさん。普段は従業員の人事管理を行っています。このたび、社長をはじめとする幹部役員の意向で、技能実習生を受け入れることになりました。その担当者にスズキさんが選ばれたのです。

しかし、○△フーズにとって、外国人材の受け入れは初めてのこと。担当に抜擢されたものの、一体何から始めていいのか分からず、スズキさんは不安でいっぱいです。

ある日、同業者の集まりで、5年前から技能実習生を受け入れているという◇○食品の人事担当者から、技能実習生の受け入れサポートを行っている監理団体ＡＳＥＡを紹介され、まずは電話で問い合わせをしてみることにしました。

スズキさん　はじめまして。○△フーズで人事担当をしているスズキと申します。このたび、弊社で技能実習生の受け入れを検討することになったのですが、正直何から進めていけばいいのか分かりません。まず、何から手をつけていけばよいのでしょうか？

ＡＳＥＡ　初めての外国人材の受け入れは、いろいろ不安がありますよね。でも、「外国人だから」と過度に不安に感じなくても大丈夫です。技能実習制度にはいろいろな規定がありますが、基本的には外国籍の方でも雇用の考え方は同じです。ただ、言語や文化が違う方々を雇用する場合には、事前に知っておいた方がいいノウハウがあります。

スズキさん　ノウハウ……？

ＡＳＥＡ　はい、そうです。私たち監理団体は、外国人材受け入れを専門にしていますので、スムーズに実習を開始し、適正に進められるようにサポートしています。

スズキさん　それは心強い！　事前にネットで調べてはみたのですが、制度自体が複雑すぎて途方にくれていたんです。

ASEA　不安に思うことはどんどん私たちに相談してください！

外国人材の受け入れを過度に不安がる必要はありません

外国人材を受け入れる。はじめはどんな企業もみんな不安に感じます。

普段はなじみのない「技能実習制度」という言葉をたまたまテレビや新聞のニュースで見かけると、「技能実習生失踪」「技能実習生同士のトラブル」など事件性の高いものばかりが取りざたされていて、不安になってしまう気持ちも理解できます。

しかし、こうしたケースは、技能実習全体で見ればごくごく一部にすぎず、多くの企業がこのプロジェクトを成功に導いています。

実習が適正に行われているかをきちんと監理し、企業と実習生の疑問や不安を解消できる第三者、つまり、信頼のおける監理団体の存在は、このプロジェクトを成功に導く1つの助けとなります。

監理団体のしくみや、監理団体を選ぶ際のポイントは、第3章のQ＆Aで詳しく説明しますので、ここではまず「技能実習生を受け入れると決めたら、監理団体に問い合わせをする」ということを最初のステップとします。

「じゃあ、まずはインターネットで検索しよう」——と調べ始めますよね。実際、検索エンジンなどで「技能実習制度　監理団体」と入力してみると、相当な数の監理団体がヒットします。

初めてこの制度を利用しようとする人が、たくさん並んだ監理団体の中からたった1つを選ぶのは至難の業。さらに、ネット情報だけでは実態が分からず、リスクも大きい。

そこでおすすめしたいのは、すでに技能実習生の受け入れをしているお知り合いの企業があったら、そこがお願いをしている監理団体に、まずは話を聞いてみるという方法です。

技能実習制度には様々な規定があり、その内容は厚生労働省のホームページにも記載されていますが、実際のところ初めてこの制度を利用する人がそれを読んだだけですべて理解するのは困難です。

だからこそ、ここは技能実習の受け入れに精通した監理団体に、気になることを一つひとつ確認してみる。実績のある監理団体なら、「外国人材を受け入れると、こんなメリットが期待できる」「こんな課題が起こりやすい」などの事例をたくさん持っていますし、受け入れの可否も含め適切なアドバイスをしてくれるでしょう。

技能実習は団体監理型の場合、企業だけで進めていくことはできず、監理団体と一緒に適正に進めていくのがルールです。つまり、監理団体は受け入れ企業の伴走者。分からないことや不安なことがあったら、どんどん頼るべきなのです。

STEP1【立ち上げ②】

関係者（ステークホルダー）の洗い出しと役割設定

関係者を洗い出そう

STORY

分からないことや相談したいことがあったら、監理団体に何でも聞いていいと知って、安心したスズキさん。社長や幹部役員の承諾も得て、今回はＡＳＥＡにお願いすることに。そうと決まったら早速、あれこれ質問したいことがあり、ＡＳＥＡに問い合わせをしてみました。

スズキさん　新入社員でも中途入社でも、新しい人が入って来たときには、最初に指導係や先輩が付いて仕事を教えますよね。技能実習生を受け入れる場合は、サポート役にどんな人を付ければいいのでしょうか？

ＡＳＥＡ　技能実習制度では、実習を適正に行うために、事業所ごとに「技能実習責任者」と「技能実習指導員」「生活指導員」という3つの役職を、そ

れぞれ1人ずつ選定することとされています。

スズキさん　3人揃っていなければダメなんですか？

ASEA　従業員の数が少ない企業の場合は、「技能実習責任者」がそれぞれの指導員を兼務することもできますが、○△フーズさんのように従業員が100人程度いる企業なら、それぞれ選任します。なぜなら、それぞれに大事な役割があるからです。

プロジェクトを進めていく上で必要な役割を設定する

プロジェクトマネジメントには、「ステークホルダーの選定」という項目があります。

あまり聞き慣れない言葉かもしれませんが、ここでは「ステークホルダー＝プロジェクトに関わるすべての人」と覚えておいてください。

ビジネスにおけるプロジェクトは、いろいろな人が関わり合って進められていきます。プロジェクトチームのメンバーをはじめ、そのプロジェクトを発注したクライアント、会社の株主、原材料や人的リソースを外注している場合は供給元や仕入れ先など、実にたくさんの人たちが関わっているのです。

こうしたプロジェクトに関わるすべての人が「ステークホルダー」の対象になり、その人たちと良好な関係を築いていくことが、プロジェクトの成功につながっていきます。

ここで紹介する「外国人材受け入れプロジェクト」では、技能実習を行う受け入れ企業と技能実習生、その間に入って監理サポートを行う監理団体、この3つの関係者は代表的なステークホルダーです。その中で、複数の人がそれぞれの役割を持ち、プロジェクトを成功させるために自分の業務を行っていきます。

そして、受け入れ企業では、次の役割を設定します。

- 技能実習責任者
- 技能実習指導員
- 生活指導員

それぞれの役割を説明していきましょう。

技能実習責任者は、実習生の受け入れに関わる全スタッフを監督する立場の人です。〇△フーズのように従業員が１００人程度いる中規模以上の企業になると、社長や、工場長、人事部の部長などが行うこともあります。

いずれにせよ、企業の責任ある立場の人がその役割を担います。

技能実習指導員は、実習生が技能を修得できるように指導する人です。現場の安全を確認したり、実習生が実習しやすいように職場の環境を整えたり、計画通りに実習が進んでいるか進捗管理を行ったりと、業務は多岐にわたります。

ひとことでまとめるなら、「実習現場で指導・管理する人」です。業務・作業の十分な理解が必要になるため、受け入れ職種に関する業務で5年以上の実務経験が求められます。

ただ、実務経験があっても、人とコミュニケーションを取ることが極端に苦手だったりすると、「指導」という面では適任とは言えないかもしれません。

特に言語や文化の違いがある外国の方に技術を教える際は、相手に分かりやすい言葉で伝えたり、相手のバックグラウンドを理解しようとしたりするなどの配慮が必要になります。

生活指導員は、実習生の日常生活のフォローを行う人です。

慣れない異国での暮らしでは、様々な疑問や不安を抱きます。そんな実習生たちの声に耳を傾け、適切なアドバイスをしていきます。

生活面でのフォローが中心になりますので、実習業務経験の有無は問いません。むしろ、「優しい人」「面倒見のいい人」「外国の方の立場に立って考えることができる人」が適任だと思います。

技能実習指導員と生活指導員は、社長をはじめとする幹部で決めるケースが多く、スズキさんのように人事担当の方が1人で決めるということはほとんどありません。

ただ、従業員の得意分野や特性に詳しい人事担当者として、意見を求められることもあると思いますので、それぞれの役割を理解しておくようにしましょう。

大切なのは、「役割を設定し、業務内容を明確にする」ことです。

STEP1【立ち上げ③】

目的の共有

従業員と目的を共有しよう

STORY

技能実習に関わる各担当者の役割について理解したスズキさん。でも、実際の現場で外国人材に指導する従業員に何をどう説明したらいいのか、悩みはじめてしまいました。

スズキさん　先日、幹部と技能実習指導員と生活指導員について話をしました。適任者を選定できそうなのですが、担当者や他の従業員にはどのように伝えたらいいでしょうか？

ASEA　はじめての外国人材の受け入れは、戸惑う方も多いと思います。日本で生まれ育った人であれば伝わることが、言葉の違う外国の方だと伝わらないこともあるし、文化の違いから不安を感じる方もいるでしょう。

スズキさん　そうなんです……。もしかすると、難色を示す人もいるのではないかと心配でして……。

ASEA　まずは、従業員の皆さんが納得できるように、外国人材を受け入れる目的をきちんと伝え、共有することが大切になります。そのためにも、なぜ外国人材を受け入れることにしたのか、目的を明確にしておく必要があります。

プロジェクトには「目的」が不可欠

複数の人が関わって成り立つプロジェクトは、メンバー（ここでは従業員）が同じ方向に向かって進んでいけるように、目的を理解し共有しておくことが大切です。

技能実習生を受け入れる企業の目的の一例としては、

- 海外からやって来る実習生に企業の技術を学んでもらい、母国で広めてもらうことによって国際貢献をする

・「人や国の不平等をなくそう」などＳＤＧｓの目標に取り組むことで社会貢献をする
・インドネシア（受け入れた実習生の母国）に将来的に工場を設立したいので、現地スタッフとして力になってくれる人材を育てる
・職場の高齢化が進んでいるので、若い人材を実習生として受け入れることで会社の活性化を図る

などが挙げられます。

しかし、技能実習が「人材育成」と「国際貢献」のためにある制度であるということを、社長はじめ幹部の方は理解できていたとしても、現場にいる従業員たちが知らないと、「なぜわざわざ言葉が通じにくい外国人材を受け入れたのだろう？」などの不信感を抱きやすくなります。

マイナス発信からスタートしてしまうと、熱心に指導する方がいる一方で、実習生を受け入れることを面倒に思ってしまう人が出てくるなど、現場内に温度差が生じてしまい、同じ目標へ向かっていくことができません。

だからこそ、最初の意識づけが大事なのです。制度の中身を正しく理解し、「なぜ外国人材を受け入れるのか」それぞれの企業が目指すビジョンや課題解決をプロジェクトの「目的」に設定する。そして、このプロジェクトの関係者に理解をしてもらい、目的を共有しておく。

そうすることで、住居を用意するなどのハード面だけでなく、ウェルカムな雰囲気で迎えられるといったソフト面においても実習生の受け入れ体制が整い、プロジェクトを円滑にスタートすることができます。

当然、実際に実習が始まると、言葉の壁や文化の違いなど様々な課題は大なり小なり出てくるでしょう。

でも、従業員みんなが目的を共有していれば、「言語や文化が違うから仕方がない」と諦めたり、切り捨てたりすることなく、「どんな雰囲気を心がければ、相手が質問しやすくなるだろう？」「どんな伝え方をすれば、理解しやすくなるだろうか？」と、実習生の立場に立って考えをめぐらせることができます。

それが、チームを1つにまとめ、結果的にプロジェクトの成功へとつながります。

STEP1 まとめ

①目的の設定と外国人材受け入れの検討

- ✔外国人材を受け入れる目的とゴールを明確にしておく。
- ✔外国人材を受け入れる体制がきちんと整えられるか確認しておく。

②関係者の洗い出しと役割設定

- ✔技能実習における「外国人材受け入れプロジェクト」の代表的な関係者（ステークホルダー）は、「受け入れ企業」「技能実習生」「監理団体」。
- ✔受け入れ企業は「技能実習責任者」「技能実習指導員」「生活指導員」の３役の設定が必要。

③目的の共有

- ✔目指すビジョンや課題解決など、企業が設定した目的を関係者に伝え、共有しておく。

STEP2【計画①】

受け入れから修了までのスケジュール管理計画

実習の計画を立てよう

STORY

「外国人材受け入れプロジェクトマネジメント」のＳＴＥＰ１「立ち上げ」をクリアしたスズキさん。いよいよ具体的な計画を立てる段階に入りました。そこで、再びＡＳＥＡに相談してみました。

スズキさん　技能実習生を受け入れる際には、「技能実習計画書」という計画表を作成する必要があると先日おっしゃっていましたが、これはどのようなものなのでしょうか？

ＡＳＥＡ　技能実習計画書は、実習生ごとに作成する技能実習の内容に関する計画書のこと。つまり、実習プランです。実習生を受け入れると決めた段階で作成し、申請時に提出することが義務付けられています。

スズキさん　う～ん、なんだか難しそうですね……。

ＡＳＥＡ　大丈夫ですよ。団体監理型の場合は、監理団体と一緒に技能実習計画書を作成していきます。これから一緒に内容を考えていきましょう。

スズキさん　監理団体と一緒に作成するのですね！　それを聞いて安心しました。

目標達成までの工程を分け、それぞれに必要な作業を「見える化」しておく

プロジェクトには「目標（または目的）」と「期限」があります。

目標を掲げてみたものの、いつまでにそれを達成するかが曖昧な状態だと、目標に向かって頑張ろうという気持ちにはなかなかなりにくいもの。

また、複数人で成り立つプロジェクトにおいて、ゴールが示されていない状態というのは、混乱を招きかねません。

そこで、「いつ・誰が・何をすれば」目標に到達できるか、綿密に計画を立ててい

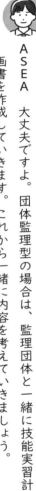

く必要があります。

本来の「プロジェクトマネジメント」には、「ＷＢＳ」という重要な考え方があります。ＷＢＳは、「Work Breakdown Structure」の略で、作業を細かく分類して整理することを指し、プロジェクトマネジメント成功のカギを握るものです。プロジェクトマネジメントではこのＷＢＳをもとに計画を立てていきます。なんだか難しい話になってきたな、と思われましたか？　安心してください、実際はそれほど難しい話ではありません。

例えば家を建てるときには、土台をつくり、柱を立て、壁をつくり、屋根をつくるといったようにいくつかの工程がありますよね。

この「家を建てる」ことを実習計画に当てはめるなら、まずはその工程ごとに仕分けをし、その中でどんな指導が必要か、どんな作業を経験し、どんな技術を身に付けていくか計画を立てていきます。

家づくりでいえば、柱を立てるには、規定に合ったサイズに柱を切る必要があり、それにはノコギリやチェーンソーなどの道具を使う。だから、まずはノコギリの扱い方から教えて、次にチェーンソーの使い方を教え、実践し経験を積んでいく、といった感じです。

このように、各企業がつくっている製品や商品に合わせて、いくつかの工程に分け、それぞれの作業に落とし込んで実習計画を立てていきます。

この工程を含むその他プロジェクトの計画については、プロジェクトマネジメントでいう「ガントチャート」を用いる手法を取り入れてみることをおすすめします。ガントチャートとは、プロジェクトの作業スケジュールを時間軸上で視覚的に表示するもの。進捗管理ソフトなどを活用してみると分かりやすいでしょう。「いつ・誰が・何をするか」が明確になり、プロジェクトを円滑に進められると同時に、作業モレの発見にも役立ちます。

技能実習では、各職種で必ず修得しておかなければいけない必須業務があります。例えば惣菜製造業職種（加熱調理）では、第1号技能実習なら惣菜加工作業として、食材の皮むきやカットなどの食材の下処理作業、「炊く」「茹でる」「揚げる」「煮る」

図表⑨ 「外国人材受け入れプロジェクト」におけるガントチャート例（技能実習1号まで）

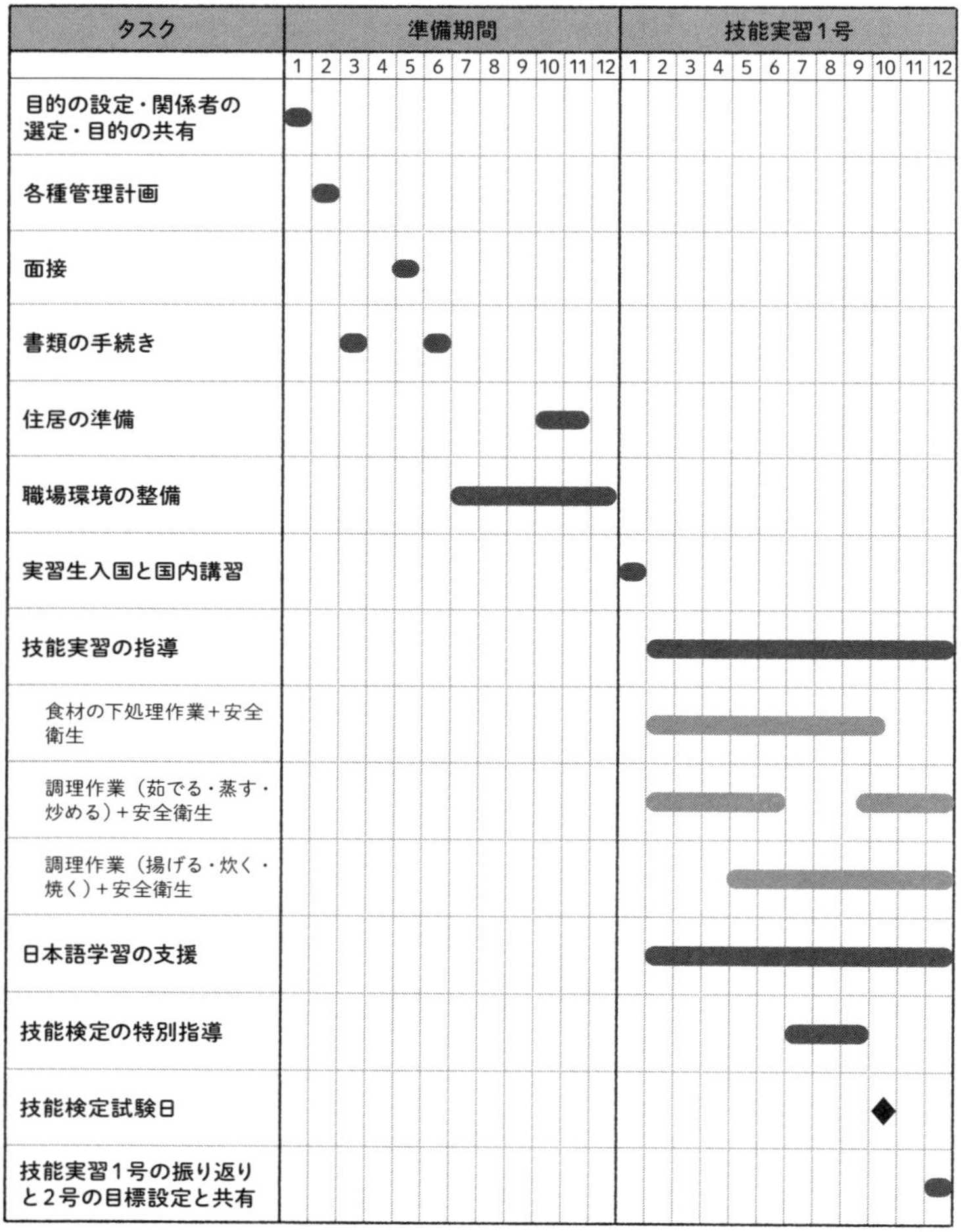

※惣菜製造業職種の実習生を受け入れる場合

「炒める」「蒸す」などの加熱作業の実習を行う必要があると決められています。

「外国人材受け入れプロジェクト」全体でやるべきことを「見える化」しておけば、受け入れに必要な項目のモレを防ぐことができます。

技能検定の合格はプロジェクトのマイルストーン

ところで、プロジェクトには目的が不可欠とお伝えしましたが、技能実習における「外国人材受け入れプロジェクト」の目的には次の要素があります。

技能実習における「外国人材受け入れプロジェクト」全体としての最終目的は、実習生の母国に技術を移転し、経済発展に寄与するために、技能実習を良好に修了することです。そして、それに付随して企業独自の目的も含まれます。

企業独自の目的とは、STEP1の「立ち上げ」で従業員と共有した「なぜ外国人材を受け入れるのか」の理由に当たります。「グローバルな視点を持つ人材を増やし、会社の国際化を図るため」「職場の高齢化が進んでいるので、若い人材を入れることで職場の活性化を図るため」などの目的です。

技能実習における「外国人材受け入れプロジェクト」を1つの大きなプロジェクトと考えた場合、技能実習生の「技能検定に合格する」という目的は、本プロジェクトにおける中間目標になります。

この中間目標のことを、プロジェクトマネジメントでは「マイルストーン」と呼んでいます。大きな目標の途中にあるいくつかの（中くらいの）目標というイメージです（図表⑩）。

実習生が少しずつ成長していき、目標である技能検定（基礎級）に合格する（1つ目のマイルストーン達成！）。

そして、次の目標（2つ目のマイルストーン）の日本語能力試験N3合格を目指す……、といった感じです。

こうした過程に従業員の方が関わることで、自分たちの仕事に対して改めて誇りを持つようになったり、人に教えることにやりがいを感じたりして、職場全体に活気が

図表⑩ 技能実習における「外国人材受け入れプロジェクト」のマイルストーン例

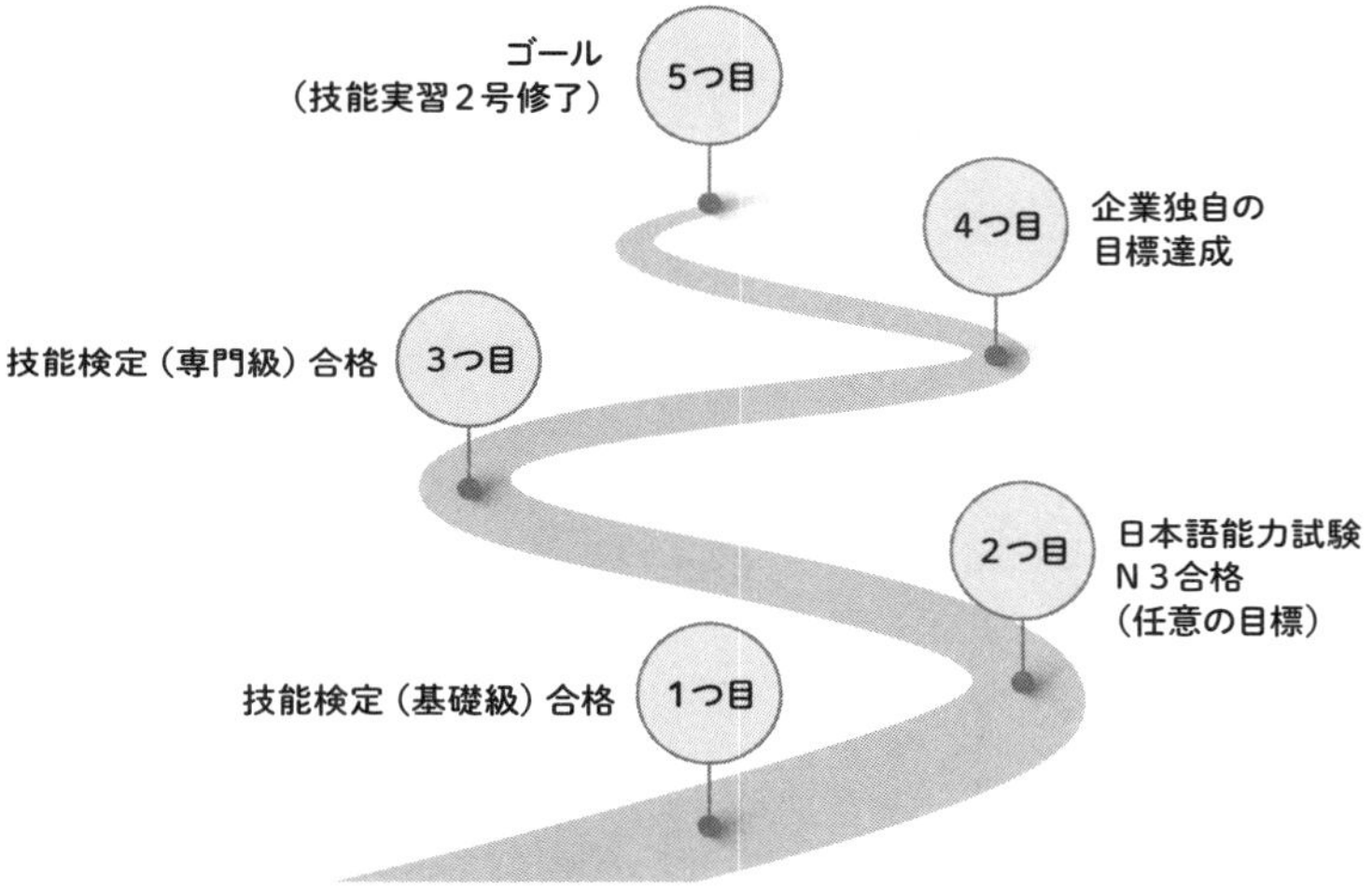

生まれ、「職場の活性化を図る」というプロジェクトの目的が達成できる――。そんな未来図を持っていただくと、イメージしやすいかと思います。

マイルストーンをどんどんクリアしていくことで、最終的な目標を達成していくことができるのです。

STEP2【計画②】

コスト管理計画

コストを洗い出そう

STORY

ASEAと一緒に技能実習に必要な項目を確認しながら、「技能実習計画書」の作成を進めていくスズキさん。そんなとき、経理部から、「技能実習生の受け入れコストと実習中にかかる費用の詳細を改めて出してほしい」と言われました。

スズキさん　新卒でも中途でも、人を採用するときには、求人サイトに掲載したり、説明会を実施したりするなど、いろいろな費用がかかりますよね。外国人材を受け入れる場合のコストについて改めて教えてもらえますか？　経理部から長期の予算を出すように言われていまして……。

ＡＳＥＡ　そうなんですね。プロジェクトを進めていく上で、コスト計画を立てることはとても重要です。プロジェクトを遂行していくには、必ず何かし

らのコストがかかります。目標を立ててみたものの、途中で資金が尽きてしまった！　なんてことになっては大変ですからね。

スズキさん　確かに……。

ASEA　外国人材、とりわけ技能実習生を受け入れる際には、一般的な国内採用とは別のコストがかかります。例えば渡航費、入国後講習費、生活準備費などです。こうした費用をきちんと把握した上で、受け入れをスタートするようにしましょう。

必要な費用を把握し、ムリのない受け入れを実行する

海外からやって来る実習生を受け入れる際には、いくつかの必要なコストがあります。

まず、団体監理型として監理団体を介して実習生を受け入れる場合には、監理団体に入会する必要があり、入会金や年会費、そして監査やサポートを受けるための監理

費が必要になります。

また、実習生の受け入れが社内で決定したら、誰を迎え入れるかを決めるための選考、つまり面接を行います。

従来の国内採用では、応募者が企業に出向いて面接を受けるというスタイルが一般的だと思いますが、海外で暮らす方を実習生として受け入れる場合は、企業が現地に出向いて面接を行うのが一般的です。

その際、面接を行う担当者の渡航費・滞在費が必要になります。ただ、最近ではオンラインで面接を行う企業も増加傾向にあります。オンライン面接ならこれらのコストはかからず、経費を抑えることができます。

実習生の受け入れに必要なコスト

実習生の選考が終わると、次は実習生を日本で受け入れるための入国にかかる費用が発生します。

入国に必要な在留資格を取得するための費用や実習生の渡航費などです。渡航費は送り出し国、または入国する時期によって金額が変わってきます。

実習生が入国すると、第1章の「受け入れまでのステップ」でお伝えしたように、国内の講習センターで約1カ月間の講習がスタートします。入国前に現地の送出機関で行われる約3〜4カ月間の研修費の大部分は実習生自身が負担しますが、入国後の講習費用、国内講習受講中の生活費の補助としての講習手当は、受け入れ企業が負担することになります（送り出し国や機関により規定は異なります）。

加えて、講習を終えた実習生がすみやかに実習に入れるよう、企業は実習生の住居を用意しておく必要があります。

家賃は寮費として一部実習生の負担になりますが、アパートの敷金・礼金、家具の購入などの生活準備にかかる費用は企業が負担することになっています。

また、義務ではありませんが、実習生が安心して生活ができるように「技能実習生向け総合保険」への加入もおすすめしています（詳しくは第3章で説明します）。

そして、実習がスタートしたら、実習生に報酬を支払います。実習生の報酬は、受け入れ企業との契約によって変わってきますが、既存の従業員と同等またはそれ以上、国が定める最低賃金以上と法律で決められています。

これらの必要コストや、用意する時期などについては、監理団体にアドバイスを受けながら計画していくとよいでしょう。

ちなみに特定技能で外国人材を受け入れる場合は、渡航費や住居・生活準備にかかる費用などの企業負担は義務付けられていません。

しかし、人手不足が深刻化している産業では、どこの企業も「即戦力」を獲得するのに真剣です。

日本で働きたいと考える海外の方々に「選んでもらえる企業」となるために、こうした費用を積極的に負担する企業も増えています。

ここまで、現時点（2025年1月）での必要コストをご紹介しましたが、今後法改正で「育成就労」になると、状況が変わるかもしれません。必要なコストを把握し、ムリのない受け入れをするようにしましょう。

図表⑪ **技能実習生受け入れにかかるコスト例**

実習生入国前	・面接渡航費用（航空券、ホテル宿泊費など） ・第1号技能実習のための申請費用（計画認定及び在留資格の申請） ・住居・生活用品準備費用　（敷金、礼金、仲介手数料、家具家電など） ・養成講習費用（技能実習責任者等が受講する講習） ・実習生入国渡航費用（飛行機代、国内交通費）
実習生入国後	・国内講習でかかる費用（入国後約1カ月の講習費及び講習手当） ・実習生用総合保険 ・健康診断費用（雇入れ時及び定期健診） ・監理費（組合監理費：監理団体が監査・指導するための費用／送出監理費） ・JITCO賛助会費（5万円～ 15万円 ／年　資本金により異なる） ・技能検定試験受検費（約2万円～3万円　職種・級により異なる） ・第2号技能実習のための申請費用（計画認定及び在留資格の申請） ・実習生帰国渡航費用（飛行機代、国内交通費）

※ 上記コスト項目は第２号技能実習までの一例であり、実習生の出身国、職種、実習期間、監理団体などによって異なる場合があります。
※ 法令や制度の変更により、費用や負担割合が変更される場合があります。最新の情報を確認するようにしてください。

STEP2【計画③】

リスク管理計画

考えられるリスクを洗い出そう

STORY

コストの確認も終わり、ASEAに助言を受けながら技能実習計画書も準備できたスズキさん。

スズキさん　最初は大変だと思っていましたが、想像していたよりも早く「技能実習計画書」が完成しましたね。

ASEA　各工程ごとに、「いつ・何をするか」作業内容が明確化されていて、いいですね。ですが、実際にこの通りにいくとは限りません。

スズキさん　確かに、計画を立ててみたものの、予定通りにいかないことってよくありますよね……。

ASEA　複数の人が関わって行われるプロジェクトでは、何かをきっかけに予定通りに進まなくなることはよくあります。予定が狂うと、全体のスケジュールやコスト、人員の配置などが大きく変わってしまうこともあり、期限までに想定した目標が達成できなくなってしまうことも。そこで、必要になるのが、「リスクの洗い出し」です。

スズキさん　リスクの洗い出し？

ASEA　できることなら起こってほしくないけれど、もしかして起こってしまうかもしれない状況を大きいことから小さいことまで全部洗い出してみるのです。

スズキさん　なるほど～。では、技能実習におけるリスクとは、どんなことが考えられるでしょうか？

リスクの大きさを測り、対応の優先順位を決めておく

一般的なプロジェクトに潜むリスクは、主に「モノ」「コト」「人」の3つに関わるものです。

例えば、「原油価格の高騰によって、原材料の仕入れ価格が予算をオーバーする」「チームメンバー同士の目的共有ができていなくて生産性が低下してしまう」などが考えられます。プロジェクトマネジメントでは、プロジェクトがスタートする前に、こうしたリスクを洗い出しておきます。

ひとくちに「リスク」といっても、その影響の大きさや起こりうる頻度はいろいろ。例えば、

①起こる頻度は低いけれど、起きたときは影響が大きいもの
②起こる頻度も低いし、起きたとしても影響が小さいもの
③起こる頻度が高く、起きたときの影響も大きいもの
④起こる頻度は高いけれど、起きたとしても影響が小さいもの

などが考えられます。

リスクを予測しておくことは大切ですが、すべてのネガティブなリスクを事前に防

図表⑫ 技能実習中に起こりうるリスク

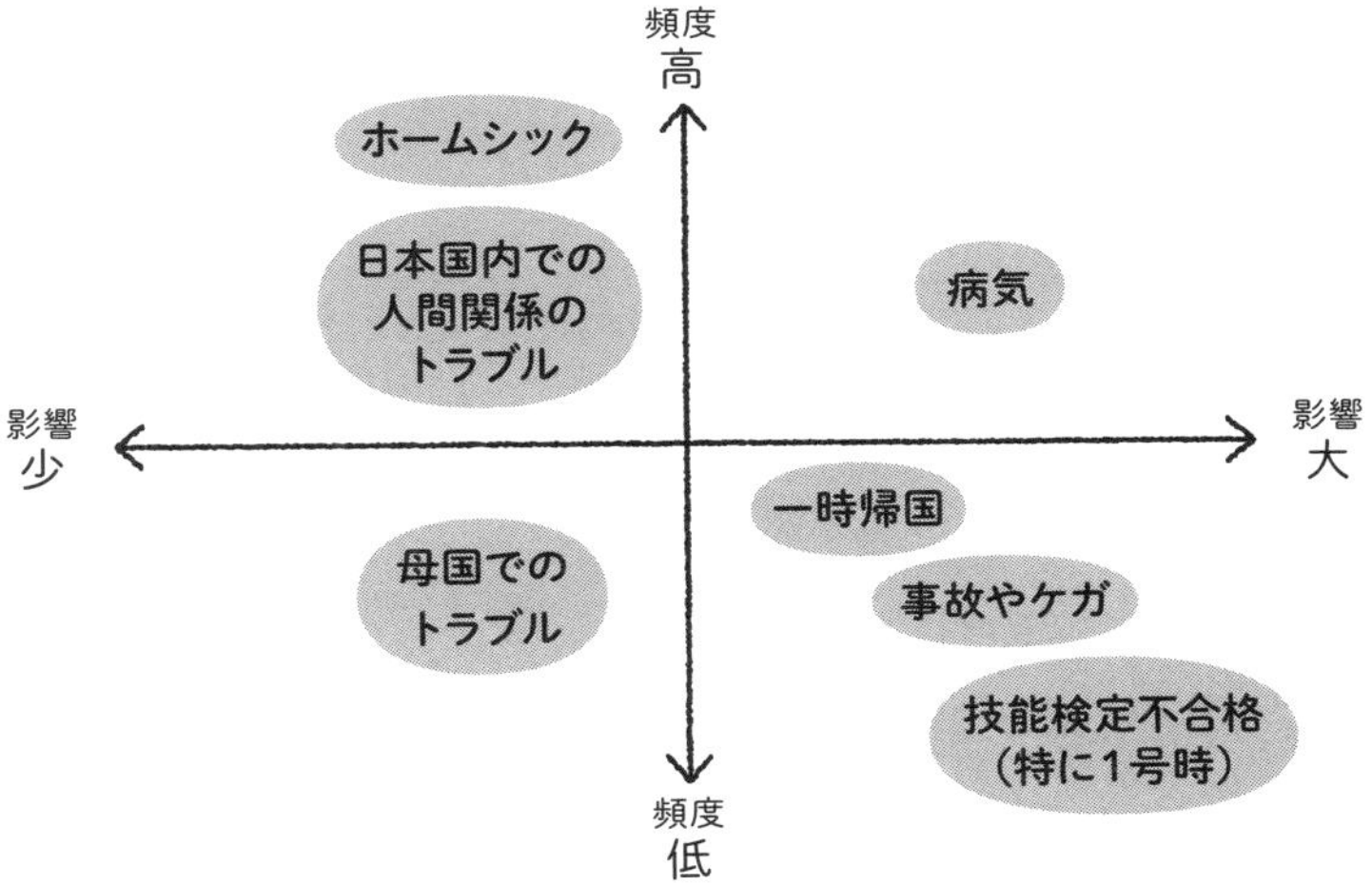

いでおこうとすると、プロジェクト自体が始まらない！　なんてことにもなりかねないので、どのリスク対応を優先的に行っていくか取捨選択していく必要があります。

②のように、起こる頻度も低いし、起きたとしても影響が小さいものは、スタート時点では対策を立てないという選択もあります。

技能実習における「外国人材受け入れプロジェクト」でリスクを生むものは何でしょうか？

それは「人」です。「人を育てる」ことが1つの大きな目的となる技能実習は、その中心人物となる実習生が「いない」という状況になることが、プロジェクトにおける影響度の大きなリスクになります。

では、実習生が不在になってしまう状況を考えてみましょう。

例えば、「実習生が通勤途中、自転車事故に遭いケガをしてしまった」「実習生が病気になってしまった」など、実習生自身の状況によるものがあります。また、「家族が病気のため急に一時帰国しなければならなくなった」などのケースも考えられるでしょう。

実際は、実習生が家庭の事情などで一時的に帰国するというケースは、そうそう多くはありません。当てはめるなら「①起こる頻度は低いけれど、起きたときは影響が大きいもの」。起こってしまった場合は、不在の間、実習スケジュールに穴が空き、遅れが出てしまうというリスクがあります。頻度としてはそう高くありませんが、影響は大きいので、もし何かあったときには実習計画を組み直すなどの対策が出来るよう準備をしておく必要があるかもしれません。

技能実習制度は人手不足対策の制度ではないため、リスク管理を行う上でも外国人材に依存しない運営体制を整えることは大切です。

一方、病気は外国の方に限らず誰にでも起こりうることなので、「③起こる頻度が高く、起きたときの影響も大きいもの」に該当します。

実習生は他の従業員と同じように社会保険が適用されます。そのため、ケガや病気で通院・入院が必要になると、3割の負担で医療を受けることができます。

ところが、その3割も節約したいと考える実習生もいます。

そうなると「ちょっとくらい体調が悪くても、お金がもったいないから病院に行かない」という思考になり、体調が悪い中で実習を受け続けた結果、症状がより悪化したり、頭がぼーっとした状態で作業に集中できず、それが思わぬケガや事故につながってしまう可能性もあります。

このようなリスクを防ぐために、技能実習生を対象とした総合保険の加入はおすすめです。年間の保険料は企業が負担することになりますが、リスク対策に必要な経費、と考えていただくとよいでしょう。

ほかに考えられるものとして、リスクとしては小さいかもしれませんが、実習生のホームシックもあげられます。

慣れない異国での生活は、まわりが思っている以上にストレスが溜まるもの。また、悩みや疑問を聴いてくれる相手がいないと、孤立しやすくなります。すると、実習に対する意欲が低下してしまい、目標に向かって頑張れなくなってしまうかもしれません。

そのため、実習生の受け入れは1人だけでなく、2人以上がおすすめです。まわりに同じ境遇の仲間がいるほうがホームシックになりにくいからです。

ただ、これらのリスクは、従業員の方が実習生に積極的に声をかけてあげるなどの配慮で防げることもあります。

まずはどんなリスクが考えられるか洗い出してみて、リスクとしては考えられるけれど、起こる頻度は低く、影響が小さいものに関してはひとまず様子を見るとしても、実習生を受け入れる前に対策を準備しておいた方がよいと判断したものに関しては、事前に対策を立てましょう。

STEP2【計画④】

受け入れ環境の計画・整備

実習生を受け入れる準備をしよう

STORY

各種書類を揃え、受け入れ準備を着々と進める○△フーズ。受け入れ人数も決まり、スズキさんにも少し余裕が出てきました。

スズキさん　技能実習生を受け入れる際には、実習生の住まいを用意しておく必要があるそうですが、住居探しは面接が終わってからでもいいですよね？

ASEA　いえいえ、今から少しずつ準備を始めたほうがいいですよ。

スズキさん　今からもう？

ASEA　海外から来られる方向けの住居探しは、思いのほか時間がかかるこ

とがあります。すぐに見つかることもありますが、万が一、難航して受け入れまでに間に合わなかった、なんてことがないように、早め早めに動いておくことをおすすめします。

スズキさん　そうなんですね。それ以外にも受け入れる前に準備をしておいたほうがいいことはありますか？

外国人材の住居を確保するには意外と時間がかかる

技能実習制度では、日本にやって来る実習生がスムーズに実習を始められるように、配属日までに実習生の住まいと新生活を始めるための生活用品を、揃えておく必要があります。

実習生の住居は、

※本来のPMにおける調達計画・調達実行という用語を、本書では受け入れ環境の計画・整備と表現しています。

・寝室の広さは1人につき4・5㎡（約3畳）以上のスペースを確保する
・日勤と夜勤の実習生が同じ住居に住む場合、寝室は別に設ける

など、人権を守るために法律で定められたルールがあります。
自社にこれらの条件が整った社員寮が完備されていれば、もちろんそちらでOKですが、完備されていない場合は、アパートなどの住居を探す必要があります。

近年では減ってきているものの、生活スタイルや文化が異なる方を住まわせることに難色を示す大家さんも少なからずいることで、実習生の住居探しに時間がかかってしまうケースも。こうしたリスクを回避するためにも、住居探しは早めに動いておくことをおすすめしています。

エリアにもよりますが、特に引っ越しシーズンの春先は物件探しが難航することが考えられます。
なかには、余分にお金がかかってしまうことを承知の上で、オフシーズンの間に早めに探しておいて、先に契約を済ませておく、という企業もあります。

住居の確保ができたら、次は新生活を始めるために必要な生活用品の準備です。生活用品とは、例えば冷蔵庫や洗濯機などの電化製品、寝具、食器などです。

これらは必ずしも新品である必要はありません。中古品をうまく活用する方法もあります。

異国からやって来た実習生が、日本で生活をするにあたって最低限どんなものが必要になるかを想定し、ムリのない範囲で用意をしてください。

ちなみにＡＳＥＡでは、「技能実習生受け入れ準備リスト」というものを作成し、受け入れる際の参考としてお渡ししています。

外国人材を受け入れるための職場環境を整えておく

また、義務付けられてはいないものの、外国人材を受け入れるためには職場環境を整えておくことも大切です。

初めて受け入れる場合は特に準備が必要です。

例えば、食品工場などで実習する場合、工場内の注意事項をすべてひらがなにしたり、漢字の上にひらがなのルビをふってあげたり、実習生の母国語を併記してあげたりと、配属までの期間に準備できることはいろいろあります。

実習生は日本に技術を学びに来るのだから、そんなことまでする必要はない、彼らが日本語を覚えればいいじゃないか、と思う方もいるかもしれませんが、言葉や文字が理解できないために、実習生が危険な目に遭ったり、事故が起こってしまったりすることは避けなければなりません。

技能実習における「外国人材受け入れプロジェクト」において最も大切なことは、受け入れ企業と実習生が同じ方向に向かって、目標を達成することです。そのためには、小さな気配りが大切になってきます。

STEP2【計画⑤】

採用計画

実習生の選抜
面接は対面とオンラインのどちらがいい？

STORY

今回、5人の技能実習生を受け入れることにした○△フーズ。現地の送出機関にも募集要請をかけ、いよいよ現地で行う採用面接の日程を決める段階になりました。ところが、社長や幹部たちのスケジュールがなかなか合わず、スズキさんは頭を抱えています。

スズキさん　メンバーの都合がどうしても合わず、現地での面接が難しくなってしまいました。オンラインでもできるようですが、やっぱり採用面接は現地で行う方がいいのでしょうか？

ASEA　確かに、実際に現地に行って対面で話を聞くことで、見えてくるこ

とはたくさんあります。でも、最近ではオンラインで採用面接をする企業も増えていますよ。どちらもそれぞれの良さがありますので、○△フーズさんにとってご都合の良い方を選ぶといいと思います。

スズキさん　では、それぞれの良さと留意点を教えてもらえますか？

対面かオンラインかは何を優先したいかを考えて選ぶ

技能実習生を受け入れる際の採用面接には、現地に出向いて行う対面式と、日本にいながらインターネットを介して行うオンライン式があります。コロナ禍以前は対面式で行う企業が多い傾向でしたが、今はオンラインで行う企業も増えています。

採用面接では、募集人数の約3倍の人数の方と面接を行います（ASEAの場合）。募集人数が5人だったら、約15人の方と面接をする、といった具合です。

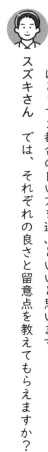

では、この15人のメンバーはどのようにして選ばれるのか、順を追ってご説明します。

まずは企業で受け入れ人数を決め、監理団体を通じて、現地の送出機関に募集を要請します。

送出機関はいくつかの日本語学校とネットワークがあるので、それらの学校に「今回は●△会社でビルクリーニング職種を学びたい技能実習生を募集しています」などとアナウンスをします。

そして、送出機関の募集に応募した人の中から、以前その職種に少しでも携わったことがあるという人が絞られ、日本語能力、学力や体力テストをクリアし面接に臨みます。

面接では、「志望動機」「これまでの成功体験」「日本でどんなことを学びたいか」「実習修了後、何をしたいか」など、気になることをどんどん聞いてください。

できれば「イエス」か「ノー」で答えられる質問ではなく、自分自身の体験や具体例を挙げて答えてもらえる内容の質問をすると、その人の人間性をより知ることができるのでおすすめです。

また、例えば日本語での回答を求めると同時に、どこかに書いてあるような定型文での受け答えになっていないかを確認することで、日本語のレベルを確認することもできます。

とはいえ面接は、より詳細に回答できるように、送出機関のスタッフが通訳として立ち会います。日本語能力を測ることがいちばんの目的ではないからです。やはり、いちばんは実習に対する意欲を見ること。そのためには対面であってもオンラインであっても質問事項を用意するなど、事前の準備が大切です。

リアル面接のメリット

対面で行うメリットは、実際に面と向かって会話をすることで、言葉を通してだけでなく、ボディランゲージや微細な表情の変化など非言語コミュニケーションからその方が持つ雰囲気や人柄を感じ取ることができる点です。

また、実際に現地を訪れることで、これから一緒に長い時間を過ごす実習生がどんなところで生まれ育ったかイメージを持つことができ、彼らの文化や習慣、価値観を理解する助けとなります。

オンライン面接のメリット

一方で、オンラインの良さもあります。いちばんのメリットはやはりコストと時間を削減できる点でしょう。

リアルで面接を行う際は、現地に足を運ぶことになり、どこの国であっても往復の航空運賃と滞在費がかかります。

また、こうした面接を行うのはたいてい社長や幹部の方などになるため、皆さん忙しく、日程を調整するのも一苦労になります。

うまく調整できたとしても、2日、3日と限られた日数になってしまうため、その間、とてもハードなスケジュールになります。

例えば3人の受け入れなら9～10人の面接となりますが、10人の受け入れとなると、その3倍の30人の面接をすることになります。

その点、オンラインなら調整がしやすく、渡航費用などのコストもかかりません。

余談ですが、対面でもオンラインでも、多くの場合その場で合格発表をします。

合格が決まった実習生の中には「ずっと日本に行きたかったんです！」「これから

日本で頑張ります！」と涙を流して、時には歓喜の声を上げて喜ぶ方がいます。

国内の採用ではあまり目にすることのない、そんな感動的な場面に出会うたびに、実習生たちに未来の切符を手渡すことの意義を改めて実感しています。

面接だけでは測れない心の知能指数（EQ）、器用さは別途試験を設けることも

ただ、対面にしろ、オンラインにしろ、限られた時間での面接で実習生のすべてが分かるわけではありません。

実際、技能を身に付けるために、ある程度の器用さが重要になる職種もあります。そういう受け入れ企業から、実作業を見るテストも行いたいとリクエストをいただいた場合には、面接の他に実技テストを実施することもあります。

例えば、家具製作を行う企業では、鉛筆の削り方を見て器用さを見たり、お惣菜を製造している企業では、ピンボードという道具を使って、作業の正確性をチェックしたりすることも。

ピンボードとは、見本の配色通りに穴の空いたボードにピンを差し込んでいくとい

うもの。子ども向けの知育玩具ですが、作業の正確性やスピードをチェックするために実技試験でも使うことがあります。

また、面接での受け答えだけでは見えにくいその方の性格や個性、潜在能力などを測るために、EQテストを実施する企業もあります。

EQテストとは、感性指数や共感指数など、学力テストや実技テストなどでは測れない「感情的な知性を測る指標」です。

一般企業が入社テストで利用する場合もあります。技能実習では、複数の実習生を受け入れる際に、誰がリーダーシップに優れているか、協調性があるか、などを見るときの参考にします。

このように、受け入れ企業の希望や事情に応じて、ベストな面接スタイルや採用方法を選択します。

面接を通じて、実習生の人柄や本音を知る。

同じことは、実習生にも言えます。

面接のときはいいことしか言っていなかったのに、実際に日本に行ってみたら、話とぜんぜん違った、なんてことが起こってしまうと、技能実習はとてもつらいものになります。

こうしたミスマッチが起こらないように、受け入れ企業も、良いことはもちろん、マイナスに感じるかもしれないことも包み隠さずに「ありのまま」を実習生に伝えてください。

例えば、建設関連の仕事なら「20kgの重い荷物を運んでもらうこともあります」「高いところで作業をすることもあります」、寒い地域にある企業なら「冬はマイナス10℃になることもあります。寒さには耐えられそうですか？」など、包み隠さずお話しすることが重要です。

大切なのは、双方にとって「こんなはずじゃなかった……」というミスマッチを起こさないことなのです。

STEP2 まとめ

①受け入れから修了までのスケジュール管理計画

- ✔技能実習計画書やガンチャートを用い、プロジェクト達成までの工程をステップごとに分け、それぞれ必要な作業を可視化しておく。
- ✔「実習生を技能検定に合格させる」などのマイルストーンをクリアしていくことで、目標達成に近づく。

②コスト管理計画

- ✔実習生受け入れに必要なコストを把握し、ムリのない受け入れをする。

③リスク管理計画

- ✔プロジェクトを進めていく上で、考えられるリスクを洗い出して、対応の優先順位をつけ、対策を準備しておく。

④受け入れ環境の計画・整備

- ✔できるだけ早めに実習生の住居の確保に動く。
- ✔実習生がスムーズに実習を開始できるように職場環境を整えておく。

⑤採用計画

- ✔面接は対面、オンラインそれぞれの良さがある。
- ✔企業の状況に合わせてベストな方法を選択する。

STEP3【実行・モニタリング①】

計画実行・進捗管理

実習日誌はプロジェクトの進捗管理を行う大事なツール

STORY

STEP2で「計画」を立てたら、次は「実行・モニタリング」に入ります。ここが技能実習では、いちばん時間を要するプロセスになります。

いろいろ検討した結果、最終的に現地に行って採用面接を行った○△フーズ。スズキさんも「外国人材受け入れプロジェクト」の担当者として、インドネシアに同行しました。選ばれた5人の実習生は、現地で約4カ月間の研修を終えた後、日本に入国。講習センターでの約1カ月間の講習を終え、いよいよ明日から実習がスタートします。

スズキさん　いよいよ明日から実習生が惣菜工場に配属されます。これからはSTEP2で立てた「計画」に沿って進めていけばいいってことですよね？

ASEA　そうですね。でも、計画をただ何となく進めるわけではありません。技能実習では、技能実習が計画通りにきちんとできたか、適切に指導できたかを確認するために「技能実習日誌」を記入します。

スズキさん　日誌……？　あ、技能実習指導員が毎日書くんでしたね。

ASEA　そうです。その技能実習日誌には、２つの大事な役割があるんです。

技能実習日誌で進捗と実習の適正性をチェックする

技能実習制度では、受け入れ企業は実習生を受け入れる前に「技能実習計画」（STEP２でご紹介したもの）を外国人技能実習機構に提出し、受け入れの許可をもらうことになっています。

そして、その後の実習が計画に沿って進められているかどうかを確認するために、受け入れ企業は技能実習日誌の記入が義務付けられています。

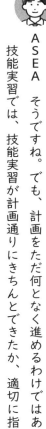

技能実習日誌には2つの役割があります。

1つ目は、「提出した技能実習計画」の内容に沿って進められているかの確認です。日誌と聞くと、実習生自身が作業の振り返りのために毎日書くものと思われがちですが、技能実習日誌は、実習生を指導する技能実習指導員が記入します。

記入内容は、実習を行った日付、その日に行った実習内容と指導内容、そして担当した指導員の名前など。簡単に言うと、「いつ・だれが・どのような内容を指導したか」を記入していく業務日誌です。

「日々の指導だけでも大変なのに、日誌まで書かなければいけないなんて、面倒だなぁ」と思ってしまうかもしれませんが、技能実習日誌は実習を円滑、適正に行うための大事なツール。はじめは負担に感じるかもしれませんが、ある程度記入の仕方が決まっているので、慣れてしまえばそれほど大変なことではありません。

実際、受け入れ企業からも「最初は面倒に感じていたけど、続けていくうちに日常業務の1つになった」「毎日記録することで、実習生の日々の小さな成長に気づくことができる」などの声を耳にします。

また、技能実習指導員は、企業の規模や勤務体制によって複数の人が担っているケースも少なくありません。このような場合に、技能実習日誌に実習内容が記入されていれば、担当者が変わっても情報を共有することができます。

2つ目の役割は、第三者によるチェックです。

ここでいう第三者とは、監理団体や外国人技能実習機構のこと。

技能実習制度では、実習が適正に行われているかどうかを確認するために、監理団体によるチェック（監査）が行われます。その確認方法の1つとして、定期的な訪問の際に技能実習日誌に目を通しているのです。

くり返しますが、技能実習の目的の1つは、「実習生が受け入れ企業で知識や技術を学ぶこと」。

技能実習には必須業務のほか、それらに付随して関連業務や周辺業務が定められています。特に必須業務は実習時間の大半を占める作業となります。

しかし、なかには意図せずとも、必須業務中心ではなく、関連業務や周辺業務に集中してしまう場合があるかもしれません。

例えば、惣菜製造の企業なら、「炊く」「煮る」「揚げる」など様々な調理法の知識や技術を教え、修得させることが必須業務に含まれていますが、関連業務である検品作業や周辺業務の梱包ばかりがメイン業務になっているという状況が起きると、適正な実習を行っているとは言えなくなります。

このため、技能実習では必須業務を主として実習が行われていなければならないというルールがあるのです。

それを確認するためのツールこそが、この「技能実習日誌」です。

技能実習日誌には実習に従事させた業務や指導内容を記入する欄があります。「必須業務」「関連業務」「周辺業務」がそれぞれどの程度行われているかが分かり、そこを見て、適正な指導が行われているかチェックするしくみになっています。

つまり、計画書に沿って「実行」したかどうかを確認するための進捗管理ツールであると同時に、第三者の目を通して適正に実習が行われているかをチェックする「モニタリング」の機能を持つ、という2つの役割を担っているのです。

STEP3【実行・モニタリング②】計画の進捗確認と課題の洗い出し

実習計画の進捗と実習生の成長を確認しよう

STORY

実習がスタートしてもうすぐ1カ月。

実習生の5人は真面目に一生懸命作業を覚えようとしています。ところが、その中の1人、プトリさんがいつも同じ工程でミスを起こしてしまいます。現場から「何度言っても、なぜか同じミスをする」という声が上がり、スズキさんは困っていました——。

スズキさん　今日はちょっとまたご相談したいことがありまして……。

ASEA　どうされましたか？

スズキさん　実は実習生のプトリさんなんですが、真面目で実習態度もとてもいいのに、なぜか同じミスをくり返しているんです。技能実習日誌を見ても、ちゃんと指導はできているようなのですが……。

ASEA　う～ん……。それはもしかすると、「ちゃんと理解ができている」という状態になっていないのかもしれませんね。

スズキさん　でも、本人に聞くと「分かった」って言うんです。一体、どうしたらいいのでしょう？

「実行」と「モニタリング」は常に連動している

前項で、技能実習は技能実習計画に沿って行い、それが予定通りにできているか確認・チェックするために技能実習日誌があることをお伝えしました。

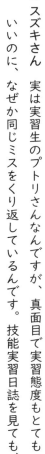

では、もし計画していた内容と実際に行った内容に違いや遅れが出てしまったらどうすればいいのでしょうか？

その場合は、それを埋め合わせるための改善策を考えたり、場合によっては計画そのものを見直して変更したりする必要が出てきます。
そして、変更したものをまた「実行」し、「モニタリング」する。そこでまた課題が見つかったら、改善策を考える。そのくり返しです。このように、「実行」と「モニタリング」は常にセットで行われていきます。

物事がうまく進まないときには、何かしらの原因があるはずです。
例えば「実習生が風邪をひいて休んだので、実習が進まなかった」「台風で交通がストップし、原材料が入ってこなかった」などは、原因が明らかです。でも、なかにはなぜうまく進まないのか、すぐには原因が分からないケースもあります。

プロジェクトマネジメントでは、こうしたプロジェクトの進行を遅らせる要素のことを「ボトルネック」と呼んでいます。

ボトルネックの言葉の由来は「瓶の首」から来ていて、首の部分の幅が狭かったり、いびつだったりすると水の流れが悪くなることから、プロジェクトの進行を遅らせている原因という意味で使われています。

ボトルネックの要因は実習生だけにあるわけではない

技能実習の遅れで、ボトルネックになりやすいのが、実習生の日本語レベルの問題です。

そう言うと、「やっぱり言葉の問題が大きいんだよなぁ」と思われがちですが、実はこれ、実習生だけに問題があるわけではありません。

技能実習をスムーズに進めていくためには、実習計画通りに進めていくことは確かに大事です。でも、スケジュール通りに行うことだけにとらわれて、十分な説明を行わないまま作業をさせて、実習生の理解が不十分なまま先へ進めてしまうと、作業がうまくできなかったり、ミスが続いてしまったりすることもあります。

例えば、建設現場や製造現場などで起こりがちなのが、ベテラン従業員の「背中を見て覚えろ」という指導です。

かつての職人の世界ではそのような指導の仕方もあったかもしれませんが、今の時代、日本で生まれ育った人であってもそのような指導を受け入れるのは難しいものです。

文化も価値観も違う外国人材に対してならなおさらです。

これは実習生に落ち度があるというよりは、指導の仕方に工夫が必要だったということになります。その場合は、きちんと言葉にして説明する。または、一緒に手を動かして教えてあげるなどの配慮が必要です。

説明が早口になっていませんか。難しい言葉を使っていませんか。このくらいは知っているだろうと思い込んで説明の一部を省略したりしていないでしょうか。そんな時は一度立ち止まって指導方法を見直してみるのも良いかもしれません。

きちんと理解できたかの確認は復唱がおすすめ

また、外国人材とのやり取りで起こりがちなすれ違いは、説明を終えた後に「分かりましたか?」と尋ねてみると、「はい、分かりました」と答えるパターンです。

尋ねた側からすれば、「分かった」と言っているのだから、理解できているのだろうと思いますが、実はよく分かっていなかった、なんてことがよくあります。

日本語を母国語とする私たちも、外国の方と英語で会話をするときに、ちゃんと理解できていないのに、ついその場の雰囲気に飲まれて「イエス、イエス！」と言ってしまうことってありませんか。

今だから白状しますが、私も前職の英語会議でそれをやってしまうことが、ときどきありました。本人には悪気はないのですが、「ついやってしまう」ということがなきにしもあらず、なのです。

では、どうしたら本当に理解できたか確認できるのでしょうか？

私たちがよく受け入れ企業におすすめしているのは、「復唱」をしてもらう、です。例えば、何か作業指示を出したときに、「分かりました」と実習生が返事をしたら、「じゃあ、もう一度、これからやることを言ってみてください」と聞いてみるのです。するとと、意外と答えられない方がいます。つまり、きちんと内容を把握できていないのです。

そうやって、言葉にしてもらうことで、指示したことがきちんと頭の中に入っているか確認できるうえに、うまく言葉にできない場合は、「実は理解できていないのかも？」と気づくこともできます。

分かっていない、もしくは間違った認識をしていることに気づけば、ミスや事故につながる前に軌道修正ができます。

受け入れ企業にとっては、本当に理解できているか、おおよそは理解できているか、まったく理解できていないかの判断にもなりますし、実習生にとっては日本語のよい練習にもなるのでおすすめです。ぜひ、やってみてください。

STEP3【実行・モニタリング③】コミュニケーション・チームの育成

文化や習慣の違い、言葉の壁は乗り越えられる

STORY

今日は、ASEAが○△フーズを訪問する日。

技能実習制度では、外国人材の受け入れをサポートする監理団体が定期的に受け入れ企業を訪れて、実習が適正に進められているかをチェックすることになっています。

工場に着くやいなや、スズキさんが駆け寄ってきました。

スズキさん　ちょっと聞いてくださいよ～。

ASEA　今日はどうされましたか？

スズキさん　実は実習生たちが、ここ数日遅刻をしているんです。始業時間の

10分前には作業着に着替えて、工場に来るように伝えているのですが、いつも9時ちょっと過ぎにやって来て。

ASEA　なるほど〜（笑）。

スズキさん　いやいや、笑いごとじゃないんですよ。

ASEA　もしかすると、その伝え方は実習生にはちょっと分かりにくいかもしれません。

スズキさん　えっ!?　それってどういうことですか？

なるべく誤解を招かない表現を使う

海外の方にとって、日本語はとても難しい言語のようです。

日本語を母国語とする私たちからすれば、なんでもないようなことでも、彼らにとっては言い方が1つ変わるだけでよく分からなくなったり、混乱してしまったりします。

そして、よく起こりがちなのが、今まさに○△フーズで起きている遅刻問題、集合時間の伝え方なのです。

○△フーズの実習生の始業時間は午前9時。9時から実習をスムーズに始められるように、スズキさんはじめ、技能実習指導員は「9時10分前には作業着に着替えて、工場に来るように」と伝えていました。

ところが、実習生は毎日のように始業時間を過ぎた9時8分に工場にやって来ます。はじめはちょっとした不注意かと思っていましたが、注意しても翌日も同じように遅刻。やれやれです。

ではなぜ、このようなことが起きるのでしょう?

それは、「10分前」という表現が、海外の方にとっては非常に分かりにくい表現だからです。

私たちが「9時10分前」と言われたら、「9時の10分前、つまり8時50分」と認識します。しかし、この言い方は、もう1つ「9時10分のちょっと前」という意味合いにもとれるのです。冗談のような話ですが、「9時10分前」と言われた実習生たちが、9時10分よりも少し前に来ていることは、私たちからすれば間違いであっても、文化の違う海外の方からしたら、あながち間違いではないのです。

これはどちらが良い悪いといった話ではなく、単なる言葉のすれ違いです。

もし9時ちょうどに実習を開始するために、10分前行動を求めるのであれば、きちんとその理由を説明する必要があります。

そして、日本語のレベルがまだそこまで上達していないときは、「9時10分前」という誤解を招きそうな言い方ではなく、「8時50分までに来てください」と伝えた方が、実習生には伝わりやすくなります。

こうしたちょっとした言い回しの違いや、「日本では、始業時間よりも少し前に会社に来る、これって常識だよね」といった思い込みが、コミュニケーションの行き違いを生んでしまうので注意が必要です。当たり前のことなのになぜか伝わらないという時は「言葉のすれ違い」を一度疑ってみるのも良いでしょう。

相手に伝わる「やさしい日本語」を心がけてみる

コミュニケーションの行き違いから、「彼は作業の覚えが悪い」などの誤解を招いたり、指示がうまく伝わらずに作業に遅れが出たり、思わぬトラブルにつながったりすることがあります。

こうした状況を防ぐために、ＡＳＥＡでは、実習生に対して職場全体で「やさしい日本語」を心がけていただくようにお願いしています。「やさしい日本語」とは、日本語能力がまだ不十分な外国籍の方が言葉の意味を理解しやすいように、ゆっくり話したり、一文を短くしたり、難しい言葉をやさしい言葉に言い換えてみたりするなど、相手にとって分かりやすい日本語を使うことを心がける取り組みです。

ポイントは、「短く」「簡単に」「ハッキリと」の３つです。

例えば作業の指示を出す場合、

「その作業が終わったら、このカット野菜を150gずつ袋に詰めて、ヒートシールで留めて、最後にきちんと閉じられているか確認してもらってもいい?」

と、すべての作業の流れをそのまま続けて言ってしまいがちです。しかし、配属直後の実習生にこの指示を正しく理解してもらうのは至難の業。

ポイントは、「短く」伝えることです。この場合なら、

「今の作業が終わったら、この野菜を150g、袋に入れてください」
「そのあと、この機械のボタンを押して、袋を閉じてください」
「最後に、しっかり閉じているか、確認してください」

といったように、すべての作業を短く区切って説明します。

たとえば「ピシッと並べる」などの擬音語（オノマトペ）は他国にも存在しますが、特に日本で多用されていることをご存じでしょうか。擬音語を使用せず「きちんと並べる」などに置き換えてみることで伝わりやすくなります。同様に和製英語などについても、なるべく理解しやすい簡単な言葉を使うようにしましょう。

1995年の阪神・淡路大震災のときに、日本にいた多くの外国籍の方が日本語を十分に理解できず必要な情報を得られなかったがために、避難が遅れてしまい大きな被害を受けました。

そこで、災害発生時に、日本語に不慣れな方々にすばやく的確に情報を伝えることを目的に考案されたのが「やさしい日本語」です。

現在は、国や自治体、支援団体で生活情報を伝えるための手段として推奨されていますす。文化庁からも「在留支援のためのやさしい日本語ガイドライン」が出ていますので、ぜひ参考にしてみてください。

同じ目標に向かってチームの育成をしていく

技能実習における「外国人材受け入れプロジェクト」の目標は、技能実習を成功させることだけでなく、それに付随する企業が目指すビジョンに近づくことです。

それには、団結力のあるチームの育成が不可欠。

国籍が同じ者同士でも、様々な価値観、仕事への取り組み方に違いがあるもの。外国人材となると、そこに文化、言語の違いが加わり、さらに多様化します。すべてを理解するというのは難しいですが、相手の立場に立って考えてみることで、見えてくる新たな気づきがあるはずです。

職場に外国の方を受け入れると、日々いろいろなことに気づかされ、自分たちの常識は必ずしも万国共通ではないことを知ります。

つまり、外国人材の受け入れは、従業員の視野を広げ、人として成長してもらえる絶好のチャンスなのです。

「こういうときはどうすればいいのだろう？」と、実習生を含め従業員との対話を重ねながら常に最善策を考え、チームを１つにしていく。これもプロジェクトの成功には欠かせない大事な工程となります。

STEP3【実行・モニタリング④】

マイルストーンの目標達成

技能検定の合格を目指すための対策

STORY

気がつくと実習期間も5カ月が過ぎ、第1号技能実習生5人の技能検定まであと5カ月ほどとなりました。技能実習1号としての在留期間、1年はあっという間です。

スズキさん　早いもので、実習生5人が○△フーズに来て、5カ月が経ちました。実習は真面目にやっているし、従業員のみんなからも信頼されている様子がうかがえます。ぜひとも5人に技能検定に合格してもらいたいのですが、通常の技能実習以外で、何かこちらでバックアップできることはありますか？

ASEA　技能実習は各職種で必ず習得しなければいけない知識や技能があり、実習をしながらそれらを学んでいきます。でも、実際の現場では作業と技能

検定の内容が完全に一致していない場合も出てくると思います。

スズキさん　確かに。うちの惣菜工場では炒めものや煮物は作るけれど、技能検定の課題となっているきんぴらは作っていないんです。

ＡＳＥＡ　そうですね。そのような場合は、対象課題を検定のための対策に含める必要があります。

実習生が技能検定に合格できるようにバックアップする

技能実習制度では職種ごとに必ず行う必須業務があります。例えば惣菜製造業なら、惣菜加工作業として、食材の下処理作業、加熱・非加熱の調理作業、衛生管理作業など、習得しなければいけない項目も多岐にわたります。

こうした項目を、第1号技能実習生は1年間、2号は2年間、3号に進めばさらに2年間、日々の業務を行いながら学んでいきます。そして、実習中に習得した技能を測るために技能検定が行われます。受検時期は1号、2号、3号ともに実習が修了する前です。

技能実習1号の場合、実習期間は1年間です。実習生を受け入れたと思ったら、あっという間に時が過ぎ、気がつけば技能検定の時期になっているということも。

技能実習修了日ギリギリに検定を受けると、万が一不合格だったときに、次に再チャレンジするときの対策を考える時間がなく、技能検定に合格できず、技能実習を修了できないまま帰国しなければならなくなってしまいます。

このように実習修了日が近づいてくると、焦りが出てきてしまうので、検定対策は早めにしておくようにしましょう。

技能検定には学科と実技の2種類の課題が用意されています。過去問は各実施団体で公開されている場合もありますので、指導の際はそれらを参考にしてください。

また監理団体に合格するためのポイントについて聞いてみるのも良いでしょう。

一般的に技能実習は受け入れ企業の通常業務に合わせて実習を組み込んでいきます。実際に手や体を動かして覚える、というスタイルです。

しかし、ひとくちに惣菜製造会社といっても、工場で製造しているお弁当やおかずの中身はいろいろ。「うちは野菜は茹でるけど麺は茹でていない」といったケースもありました。こうした場合、通常の業務の中で、検定に組み込まれている内容を実習生が経験することができません。

そこで、受け入れ企業は、通常の業務とは別に実習生が技能検定に合格するための対策をする必要があります。受験勉強でいうと、通常の授業だけでなく、入試に合格するための特別授業を行うイメージです。

日々の実習の他に検定対策の時間を設けることになるので、企業に多少の負担はかかりますが、試験合格は技能実習における「外国人材受け入れプロジェクト」を成功させるための大事なマイルストーン。従業員が一丸となって、実習生を応援してあげてください。

ここでの協力がチームの結束力を高め、職場の雰囲気が今まで以上に良くなったり、その期待に応えようと実習生が一生懸命頑張ったりと、双方にとって良い効果をもたらします。

合格した時は受け入れ企業、実習生、監理団体の3者で喜び合うことも多く、実習生の成長を感じ、感慨深くなられる指導員の方もいるほどです。

STEP3 まとめ

①計画実行・進捗管理

✔技能実習日誌で日々の進捗管理を行う。

✔監理団体は適正な実習が行われているか定期的にチェックしている。

②計画の進捗確認と課題の洗い出し

✔実習計画書に沿って実習を進めていきながら、ボトルネックが見つかったら、その都度改善策を考えたり、計画を変更したりして立て直す。

③コミュニケーション・チームの育成

✔日本語の理解が不十分な実習生に対しては「やさしい日本語」を心がける。

✔実習生や従業員との対話を重ねながら団結力のあるチームを育て同じ目標に向かう。

④マイルストーンの目標達成

✔技能実習における「外国人材受け入れプロジェクト」のマイルストーンの1つは技能検定に合格すること。そのための対策は十分に行う。

STEP4【終結①】実習生編（完了に向けて）

実習修了後の進路を確認しよう

STORY

従業員の皆さんの協力もあって、無事に技能検定に合格した第1号技能実習生の5人。技能実習における「外国人材受け入れプロジェクト」のマイルストーンの1つである技能検定を無事クリアです。安心した様子のスズキさんがやって来てこう尋ねました。

スズキさん　おかげさまで、実習生5人が無事に技能検定に合格しました！

ASEA　本当におめでとうございます！　スズキさんもお疲れ様でした！

スズキさん　これで晴れて実習生5人全員が、第2号技能実習生として、このままうちで実習を続けられます。

ASEA　そうですね。少なくともあと2年、一緒に過ごすことになりますね。

スズキさん　はい、他の従業員たちも喜んでいます。ところで、まだ先の話になりますが、2号の実習が修了した後、実習生には3号に進むか、特定技能の在留資格を取得して日本で働くなどいくつかの選択肢があるようですね。本人に後々確認する必要があると思いますが、実際はどんな選択をするケースが多いのでしょうか？

実習修了後はいくつかの選択肢がある

技能実習で必要な技能を学び、技能検定に合格後、技能実習は修了となります。

技能実習が修了すると、受け入れ企業、または監理団体が技能実習修了証明書を発行します。

この修了証明書があると、日本語またはその職種に関するスキルがあると見なされ、帰国後の就職に有利になることがあります。

また、帰国後に会社を立ち上げたり、自分のお店を始めたりする人もいますが、そんなときに、この修了証明書が役立つのです。

例えば、日本の食品会社で技能実習を経験した実習生が、現地で日本料理のお店を始めるときに、お店の壁にこの修了証明書を飾っておいたりします。

日本でも海外に料理を学びに行き、本場で修行を積んだシェフがディプロマ（修了書）をお店に飾っていたりすることがあります。実習生にとっての修了証明書はそれと似ているかもしれません。

現状の技能実習制度では、実習が第1号技能実習・第2号・第3号と区分されていて、1号の実習を修了すると、2号に移行でき、2号の実習を修了すると、3号へステップアップできるしくみになっています。または、2号の実習を良好に修了すると、通常は技能試験と日本語試験が必須となる特定技能1号に、試験なしで移行することができます（一定の条件あり）。

2号の実習満了のタイミングで帰国しても良いですし、そのまま日本に残るという選択肢もあります。

このように、日本に技術を学びに来る技能実習生には、複数の選択肢が用意されているのです。今後の対応の参考として、プロジェクトの記録には実習生がどのような進路に進む計画で、どのように対応したのかも記録しておきましょう。

では、「育成就労制度」に変更されると、どうなるのでしょうか。

第1章でお伝えしたように、育成就労の目的は「人材育成」と「人材確保」です。現行の技能実習制度の目的はあくまでも「人材育成」や「国際貢献」であり、「人材確保」が目的の特定技能とは分けて考えられてきました。

しかし、今後始まる予定の育成就労制度は、特定技能1号に進む人材を育成することを前提としています。よりよい労働環境を提供することで、日本で働き続けたいと思う外国人材が増えることはこのまま一緒に働いて欲しいと希望する企業にとってもメリットが大きいといえるでしょう。

STEP4【終結②】企業編

プロジェクトの終結
受け入れ企業が最後にやるべきことは？

STORY

時は経ち、3年間の技能実習における「外国人材受け入れプロジェクト」が終了間近のスズキさん。そんなとき、幹部から来年度も継続してインドネシアからの技能実習生を受け入れようという話が持ち上がりました。

スズキさん　実は弊社では来年度もインドネシアから技能実習生を受け入れようという話が出ているんです。

ASEA　そうなんですね！　受け入れプロジェクトがうまくいっているということですから、私たちも嬉しいです。

スズキさん　はい、また新たな実習生たちと出会えるかと思うと、今からとて

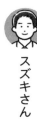

も楽しみです！

ASEA　気が早いですね（笑）。でも、スズキさん、プロジェクトはまだ終わっていませんよ。

スズキさん　えっ!?　まだ何かやることがあるんですか？

ASEA　はい、最後にぜひともやっていただきたい大切なことがあります。

実習を通して蓄積されたノウハウを文書化して、組織で共有できるようにする

技能実習における「外国人材受け入れプロジェクト」の最終目的は、良好に技能実習を修了すること、及びそれに付随する企業独自の目的の達成とお話ししました。

この目的の達成・未達成にかかわらず、プロジェクトが終わるタイミングで行うべきことがあります。

それは、**これまでの経験を振り返り、まとめ、保管、共有することで次に生かしていくこと**です。

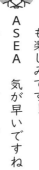

初めての技能実習生の受け入れは、分からないことが多く、不安になります。でも、ここまでで紹介した4つのステップを1つずつ踏んでいけば、外国人材を受け入れることは、決して難しいことではありません。

ただし、言葉や文化が違う外国人材と一緒に過ごしていくには、配慮すべきことが多々あります。こうしたことは、実際に受け入れをやってみないと気づけないことが多いものです。

そこで、外国人材を受け入れてみて、良かった点や見えてきた課題を振り返る時間を設け、改善できる点は改善策を考え、次のプロジェクトに生かしていきましょう。

ただ、これを幹部だけでやっても、意味がありません。

なぜなら、外国人材と実際に作業をするのは、現場の従業員の方々だからです。このプロジェクトに関わったすべての従業員にぜひ話を聞いてみてください。

例えば、「専門用語など一般的に使われない言葉は定期的にリスト化するとよい」

「特別なB加工については、言葉で説明するよりも、一緒に手を動かして見本を見せてあげた方が理解しやすそうだ」など、実際に一緒に働いたからこそ気づけた意見をざっくばらんに交換しましょう。

そして、外国人材の特徴であったり、効果的な指導法だったりを文書化し、データとして残しておくようにします。

そうしておけば、各指導員や従業員メンバーが入れ替わっても、情報を共有することができます。こうした情報の蓄積が、次のプロジェクトに生かされていくのです。

STEP4 まとめ

①実習修了後の進路を確認しよう

- ✔技能実習は１号〜３号まであり、最長５年日本に実習生として滞在できる（３号には条件あり）。
- ✔技能実習修了後は母国に帰国し、学んだ技術を生かす、または特定技能１号の在留資格を取得し日本で働くことができる。（一定の条件あり）
- ✔進路計画と、それに応じた対応を記録として残し、次の実習生の指導に生かす。

②受け入れ企業が最後にやるべきこと

- ✔プロジェクト全体を振り返り、目的が達成できたのか、何がうまくいって、どのような課題があったかを評価する。
- ✔技能実習の成果と改善点を文書化し、組織内で共有する。そして、次の「外国人材受け入れプロジェクト」に生かしていく。

「外国人材と働く」ことは、決して難しいことじゃない

さて、ここまで技能実習生の受け入れから、実習の進め方までを、プロジェクトマネジメントの手法に落とし込んで解説してきました。

プロジェクトマネジメントをご存じの方は、「外国人材の受け入れにプロジェクトマネジメントが活用できるなんて」と驚かれたかもしれませんし、プロジェクトマネジメントをご存じなかった方には、受け入れのステップを系統立ててご理解いただけたのではないでしょうか。

いずれにしても、外国人材の受け入れは、ポイントを押さえればそれほど難しいことではないと分かっていただけたと思います。

ですが、ここでご紹介したのは、技能実習生を受け入れる際の一般的な流れで、職種が変われば計画の内容も変わってきますし、実習生の国によっても変わります。

「人」が真ん中にいる外国人材の受け入れは、関わる人によっていろいろなケースが考えられます。疑問や不安があれば、ＡＳＥＡのような団体に、その都度相談してみてください。

一緒に花を咲かせましょう

ただ一方で、ここまで読んでいただき、こんな感想を持たれた方もいらっしゃるのではないでしょうか？

「外国人材の受け入れは、事前に準備をしなければいけないことも多いし、日本に来た後も、なんだか手間がかかりそうだ」と。

確かに、外国人材、とりわけ技能実習生の受け入れには様々な規定があり、受け入れ企業が負担をしなければならないコストも少なくはありません。

しかし、いざ実習が始まったら、基本的には日本で生まれ育った方に対しても、外国人材でも、雇用の考え方は同じです。

１つ具体的な例を挙げて考えてみましょう。

たとえば、実習生から「新たに加湿器を購入して欲しい」というリクエストをもらったとします。

加湿器１台、おそらく日本でなら３０００円あれば買えるでしょう。受け入れ企業がそれくらいのことをしてあげてもいいのではないか、という考え方もあるかもしれません。

ただ、これが一部の実習生のリクエストだとしても、公平性を考えると実習生全員分の加湿器を用意する必要があります。

１つ３０００円の加湿器を１００人分購入するとしたら、その金額は30万円。決して安い金額ではありません。

このようなケースでは、「実習生たちが自分で買うべきだ」という意見と、「実習生にもっと寄り添ってあげてもいいのではないか」という意見に分かれるところかと思います。

ＡＳＥＡの中にも、海外に対して強い思い入れを持って、この仕事に飛び込んできたスタッフもいます。私自身もまた、「インドネシアの若者たちの力になりたい」、その気持ちからこの仕事に飛び込んだ1人です。

しかし、「インドネシアは日本と経済状況が異なるから」「実習生がかわいそうだから」と、監理団体が何でも実習生中心に考えサポートするのは、少し違うと思っています。

初めての慣れない異国暮らしで困らないようにと、入国前準備として、企業は実習生に対し住居と生活必需品を用意することが制度で決められています。でも、実習が始まれば、実習生は毎月、日本で生活するのに困らないだけの報酬をもらいます。必要なら自分で買うこともできる。どこで購入できるかなどの情報を教える配慮は大切ですが、そこに、他の従業員と実習生の差はないというのが、私たちASEAの考えです。

外国人材の受け入れ支援を行う監理団体は、困っていることがあれば解決に向けて支援し、両者の間に立って、適正な実習が行われているか監理し、サポートする中間的な立ち位置の存在、そう思っています。

企業と実習生の間で解決できればいちばんですが、このようにどう対応すべきか悩むケースでは、外国人材受け入れに精通した監理団体を頼って共に解決策を見つけていきましょう。

私はよく外国人材を受け入れるか迷っている企業や、ＡＳＥＡのスタッフにこう伝えています。

「一緒に花を咲かせましょう」

たとえば、こういうイメージです。

企業は、インドネシアから小さな花の苗を輸入します。私たちは、花を育てるノウハウをお伝えし、大きな花を咲かせるお手伝いをします。

その花を育てる場所は企業であって、その花に水をあげたり、肥料を与え育てていくのも企業です。

ただ、育て方に細かい決まりごとがあるので、ときどき育て方に詳しい私たちのような団体が成長の途中経過を見ていく必要がある。そうやって、私たちは直接育てることはできなくとも、企業を陰でサポートしながら、一緒に花を育てていく――。

外国人材の受け入れを、企業だけで進めていくのは大変です。

それは、育成就労に変わっても同じです。

良きパートナーとなる監理団体や支援機関と出会い、一緒にきれいな花を咲かせていく。

皆で力を合わせて個々の才能や可能性を開花させていく、そんなイメージを持っていただけたらと思います。

コラム①　外国人材を受け入れてみた企業の声

実習生受け入れ7年目
「今では毎年、新入社員を迎えるような雰囲気になっています」

初めての外国人材の受け入れは、どの企業も不安に感じるものです。でも、安心してください。団体監理型の技能実習は企業だけで進めていくものではなく、監理団体と適正に進めていきます。7年前から毎年平均12人、実習生の受け入れを行っている食品会社の皆さんに、実習生の受け入れの検討から、実際の実習の様子、インドネシア人の特徴などを聞いてみました。

【今回、インタビューに答えてくださった受け入れ企業の皆さん】

- 担当役員　田丸さん
- 技能実習指導員　松田さん
- 技能実習指導員　佐々木さん
- 生活指導員　羽根田さん

【会社データ】
・従業員数／約２３０人
・業務内容／ハム・ソーセージ、及び弁当並びに水産加工品の製造・販売
・現在の実習生数／第１号～３号までの技能実習生合わせて40人
・これまで受け入れてきた実習生数／延べ81人（２０１８～２０２４年）

「長期的に見たとき、今ここで職場の若返りをさせたいと思った」

――御社では、２０１８年から今年で延べ81人の実習生を受け入れていらっしゃいますね。

田丸さん　そうですね。いや～、81人か……。改めて振り返ってみると、本当にたくさんのインドネシアの若者を受け入れてきましたね。

――初めて海外から実習生を受け入れると決めたときは、やはり不安はありましたか？

田丸さん　もちろん、ありましたよ。弊社は関連会社の紹介でＡＳＥＡさんに出会

いました。それまで、技能実習という言葉は知っていましたが、実は詳しい中身まではよく分かっていませんでした。

それに、インドネシアと言われても、まったく未知の国で……。確か、イスラム教の国だったな、そのくらいの知識しかなかったもので。

でも、下茅さんが制度の目的やインドネシア人の特徴などを一つひとつ丁寧に教えてくださり、話を聞いているうちに「あっ、これはいいかも!」と思ったんです。というのも、うちはベテラン従業員が多く、経験豊富でとても頼りにはなるのですが、一方で長期的に見たときに職場の若返りも必要なのではないか、と考えていたからです。

ただ、社長をはじめ、幹部の人間はそう思っていても、実際に現場で仕事をする従業員たちが「外国人材の受け入れ」を理解してくれるのだろうか?という不安はありました。

ここにいる3人(松田さん・佐々木さん・羽根田さん)には、初年度から技能実習指導員と生活指導員を任せていますが、やっぱり初めは不安だったんじゃない?

松田さん やっぱり、不安でしたよ。いちばんの懸念は言葉です。うちはグローバル企業というわけではないし、外国語がペラペラな人がいるわけでもない。自分も含め、海外から来る方とうまくコミュニケーションが取れるのか心配でした。

また、現場の従業員の反応も気になりましたね。

佐々木さん　私は意外と楽しみでしたね。「自分が持っている技術を教える仕事だよ」と言われたとき、以前から人に教えたいという気持ちがあったので、この新しい取り組みになんだかワクワクしました。

羽根田さん　私はなぜか生活指導員に任命されたのですが（笑）、やはり私たち日本人とインドネシアの方とでは生活スタイルが違うので、そこがうまく対応できるか不安はありました。

でも、ＡＳＥＡさんが事前に「インドネシアの方はこういう料理を好んで食べますよ」とか「こういう風習があります」など、インドネシア人の特徴や文化について気をつけた方がよいことなどを教えてくださったので、とても参考になりました。

――採用面接は現地で行いましたが、２０１８年からというと、コロナ禍前になるので、オンライン面接の選択肢というのはまだあまりない時期でしたね。

田丸さん　下茅さんからは、オンラインでも面接はできると聞いていましたが、やはり実際にお会いして決めたいと思い、インドネシアに行きました。

１期生として６人を受け入れると決めると、その３倍の方を面接した方がいいとアドバイスされ、18人を面接しました。

面接では、「なぜ日本で技術を学びたいと思ったのか」「帰国後は何をしたいか」などいろいろなことを聞きました。

それと、日本は四季があり、インドネシアよりも寒いので「寒さには強いですか？」なんて質問もしてみました。

――ちなみに「帰国後は何をしたいか」の質問には、どんな回答がありましたか？

田丸さん うちは食品会社なので、「日本料理店を開きたい」とか「団子屋さんをやりたい」とか言っていましたね（笑）。

――結構、皆さん具体的な夢を持っているんですね。面接以外にも何か行いましたか？

田丸さん うちはお弁当などの惣菜部門と、ハムやソーセージなどを製造する加工部門があるんですが、惣菜部門では盛り付け作業があるので、習得するには手先の器用さが結構重要になるんですよ。

時間がかかりすぎてもダメだし、速くても仕上がりが雑なのはダメ。そのことを下茅さんに伝えたら、「それならピンボードで手先の器用さを見てみてはどうでしょう？」と勧められ、やってみることにしたんです。

そしたら、みんなすごく器用で、スピードも速い。正直、そこまで期待はしていなかったので、これにはビックリでした。インドネシアには古くから伝わる伝統工芸がいくつもあるようで、そういう文化的な背景も影響しているのかもしれませんね。

「若い実習生を受け入れたことで、職場に活気が出てきた」

――実際、実習が始まってからはどうでしたか？

松田さん　やはり初めは、現場でも「えっ？　なんで外国の人？」「大丈夫なの？」という声はありました。

「日本に来たばかりなので、皆さん優しく接してあげてくださいね」と伝えてはいましたが、日本語をどのくらい理解できるのか分からなかったので、初めはみんな手探り状態でしたね。

食品会社には様々な専門用語があるんですよ。入国前の研修である程度の日本語は学んでくると聞いていましたが、やっぱり現場によっていろいろな言葉があるので、初めは理解するのが難しかったと思います。

なかなか言葉が通じなかったり、指示の理解ができなかったりしたときは、ひらがなとカタカナはみんなわりと書けるので紙に書いてもらったりしました。

でも、そういうやりとりって、やっぱり時間がかかってしまうじゃないですか。そんなことをASEAさんに相談したところ、工場でよく使う言葉を日本語とインドネシア語で表にまとめてくださって。それを指で差せば分かるようになり、会話と併用して使うことで、コミュニケーションが取りやすくなりました。

佐々木さん　日本語の発音で難しいものが中にはあるようで。特に数字の「5」と「9」は、カ行であるためか、混同してしまうようでした。

日本語を母国語とする私たちからすると、「えっ⁉ ぜんぜん違うのに」って思うのですが、どうも同じように発音してしまうようです。

食品会社は数字を間違えると大変なことになってしまうので、そこは何度も確認するようにしました。でも、1期生は先輩実習生がいない中での実習だったので、言葉の吸収は特に早かったですね。3カ月ぐらいでだいぶ上達していましたね。

日本語がしゃべれるようになると、インドネシアの人たちは人懐っこいところがあって、冗談なんかも言ってくるようになるんです。「佐々木さん!」と呼ばれて、「なんだい?」と返事をしたら、「呼んだだけです」とか言ってきて。

おいおい、ずいぶん余裕が出てきたじゃないか、と思いましたね(笑)。20代初めの若い子たちだからというのもあるかもしれないけれど、そういう可愛らしいというかお茶目なところが、ベテランの従業員さんたちにも受け入れられて、職場が和やかな雰囲気になっていくのを感じました。

田丸さん ライスボーイズたちは、本当に人懐っこいよね。

——ライスボーイズ?

田丸さん 炊飯も担当している男子メンバーなんですが、みんな元気で人懐っこいから、現場では「ライスボーイズ」って親しみを込めて呼んでいるんですよ。

うちは高齢の従業員も多いので、その方たちからしてみれば、もう孫みたいな感じなんですね。若い実習生を受け入れたことで、職場に活気が出たのはみんなも感じていると思います。

佐々木さん　一方で、実習には真面目に取り組んでいます。インドネシアでは自炊が基本のようで、もともと包丁を使うことに慣れている人は多いのですが、ここでは刃渡り30㎝もある出刃包丁で魚をさばいたりするんです。

初めはうまく切れない人もいますが、練習を重ねていくうちにキレイに三枚おろしができるようになります。

そういう成長を日々見られるのが、とても嬉しいですね。どんどん吸収してくれるので、こっちも教え甲斐があります。

「インドネシア人と日本人は少し似ていると思う」

——皆さんが実習生を温かく見守っている感じが伝わってきました。ところで、寮では、実習生はどんな生活をしているのでしょうか？

羽根田さん　基本的には1部屋に2人で生活をしています。初めはASEAの担当の方にペアを選んでもらっていましたが、今は実習生同士で話し合って決めてもらっています。

よくニュースなどで実習生同士のケンカやトラブルなどを聞くことがありますが、インドネシアの人たちは、温厚な方が多く宗教上お酒を口にしないこともあってか、そういうトラブルに発展しにくいような気がします。

7年間見てきましたが、特に大きなトラブルはないですね。相談事といっても、「同室の子のいびきがうるさくて眠れないんです。でも、その子に言うのはなんか気が引けて……」といったようなもの。それで、耳栓を勧めてみたこともありました。私の印象では、インドネシアの人たちはみんな真面目で控えめな感じ。そういうところが、私たち日本人と少し似ているように思います。

——毎日の食事はどうしているのでしょう？

羽根田さん　皆さん自炊をしていますね。寮へうかがうと、サンバル（インドネシアの調味料）のいい香りがするんです。「羽根田さんもどうぞ」って勧められることもあります。それがまたおいしくて。

佐々木さん　インドネシア人は唐揚げが大好物。みんなほんとよく食べています。毎日、持ってくるお弁当にも、唐揚げは必ず入っていますね。

羽根田さん　そうそう、唐揚げが大好きですよね！　以前、スーパーに一緒に買い物に行ったら、油を一斗缶で買っていたのでビックリしました！

あと、「日本のお米がすごくおいしい」ってみんな言っていますね。みんな若いから本当によく食べるんです（笑）。

「技能実習は企業だけでは進められない。良いパートナーと出会えるかが大きい」

――なんだか楽しそうですね。実習以外でも、実習生とコミュニケーションを取る機会って多いんですか？

松田さん　実習生が買い物に行きたいというときは、車で連れていってあげることはありますね。コロナ禍前は花火大会に一緒に行ったり、ドライブに連れていったりすることもありましたが、最近はちょっと行けていないかなぁ～。

コロナ禍以降は会社のイベントが減ってしまったところはありますね。復活させなきゃ！

田丸さん　コロナ禍のときは、食品会社はなかなか大変で、うちも工場のラインをストップしなければならなかったときが一時期ありました。

そのときは、実習生を受け入れていても、実習自体ができない状態だったので、うちとしては受け入れコストを維持していくのも大変でしたし、日本に来たけど実習ができない実習生もつらかったと思います。あれは、4期生の子たちだったかな……。

でも、2018年の受け入れ以来、毎年欠かさず実習生を受け入れてきたからこそ、今がある。実習生を毎年受け入れることは、もううちの会社にとっては当たり前になりつつあるんです。

従業員の方も毎年、新入社員が来るのを楽しみにしているような気持ちで、彼らを迎えてくれています。

――毎年、新入社員を迎えるような雰囲気になっている、いいですね。

田丸さん　初年度、第1号技能実習生を6人受け入れてから、今年で7年（2024年）。延べ81人のインドネシア人実習生と一緒に過ごしてきました。

その間、いろいろなことがありましたが、現場だけでは解決が難しいときは、いつも

ＡＳＥＡさんに相談していました。そのたびに適切なアドバイスをいただき、今があると思っています。

技能実習は企業だけで進めていくことはできません。実際、監理団体のサポートなしではここまでの成果は得られなかったかもしれません。引き続きＡＳＥＡさんにはいろいろ相談させていただくと思います。

第3章

まだまだ知りたい
「外国人材と働く」ということ
Q＆A

Q1 監理団体のしくみについて詳しく教えてください。

A 監理団体には「一般監理事業」と「特定監理事業」の2種類があります。

さて、ここまで外国人材の受け入れについて説明をしてきましたが、ここで改めて私たち監理団体のしくみについて説明をしたいと思います。

技能実習の受け入れ方法には「団体監理型」と「企業単独型」があります。

団体監理型の場合、技能実習生を受け入れる際には必ず、受け入れ企業と実習生との間に監理団体が入り、必要な手続きや適正な実習の監理を行っています。

企業単独型は、海外に現地法人や合弁企業を持つ日本企業が現地の社員を受け入れて技能実習を行う方式のもの。例えば、現地工場のスタッフを日本に呼んで、日本で技能実習を行う、といった感じです。

ただ、技能実習制度全体で見ると、企業単独型で技能実習生を受け入れているケースは１・７％と非常に少なく（２０２３年調査）、多くの場合は中小企業や個人事業主が監理団体を介して実習生を受け入れています。ここでは団体監理型の方式で技能実習生を受け入れる場合についてお話しします。

「一般監理事業」は優良な監理団体であることを示している

団体監理型は事業協同組合や公益社団法人など、営利を目的としない監理団体が技能実習生の受け入れを支援し、企業が直接雇用して技能実習を行う方式です。私たちＡＳＥＡはこちらに該当します。

監理団体には、「一般監理事業」と「特定監理事業」の2種類があり、はじめはどの団体も「特定監理事業」からスタートします。特定監理事業は、技能実習1号から2号までの在留資格で最長3年まで受け入れることが可能。

その間に、監理団体として適正な監理業務を行ってきたか、実習生の失踪などが起きなかったか、実習生の技能検定の合格率が規定の水準を超えているかなど、外国人技能実習機構で定められている「一般監理事業の認定要件」を満たした場合（150点満点中90点以上の獲得が必要※2025年1月時点）、その実績が認められて、「一般監理事業」に昇格することができます。

つまり、監理団体は常に専門機関に監理・評価されているということ。

一般監理事業になると、優良な監理団体というお墨付きが出て、第3号技能実習生の受け入れ支援もできるようになります。

Q2

監理団体を選ぶ際のポイントは？

A 監理団体の方針、提携している送出機関も考慮し、決めましょう。

Ｑ１で監理団体には「一般監理事業」と「特定監理事業」の２種類があることをお伝えしました。

監理団体を選ぶポイントとして、まずは受け入れをされる企業が第３号技能実習まで（技能実習としては最長5年の滞在が可能）の受け入れを視野に入れているかどうかで、選択肢が分かれます。5年間の技能実習を計画している場合には、第3号技能実習までの受け入れができる一般監理事業の監理団体がおすすめです（ただし、3号に進むかは実習生の希望も考慮し決定するので、対象実習生が必ずしも3号まで進むとは限りません）。

一般監理事業の監理団体は外国人技能実習機構の厳しい評価基準をクリアしているので、それが安心材料の1つになるかもしれません。

そして、初めて技能実習生を受け入れるなら、やはりある程度実績のある監理団体を選ぶほうが安心です。実績のある監理団体は、外国人材の雇用で遭遇するであろう問題について、多くの解決事例を持っています。

また、監理団体がどのような現地の送出機関と提携しているかも確認することをおすすめします。送出機関の方針によって教育レベルや実習生が母国で支払う費用が異なります。倫理観が欠如している送出機関だと、実習生が多額の負担を抱える場合があります。信頼できる送出機関と提携している監理団体から受け入れをすれば、入国後のトラブルを防ぐことにもつながります。

それぞれの監理団体には受け入れに強い国や業種、サポート体制がある

ただ、ひとくちに監理団体といっても、それぞれに受け入れに強い国や、得意な業

種があります。

私たちＡＳＥＡのようにインドネシアやフィリピンの受け入れ支援に実績のある団体もあれば、ベトナムやミャンマーの受け入れ支援に強い団体もあります。

また、受け入れ先として建設会社が多い団体もあれば、食品会社や繊維会社などを得意とする団体もあります。

さらに、監理団体を選ぶ際には、１つだけでなくいくつかの団体と直接コンタクトを取って、比較してみることをおすすめします。その際にどのようなサポート体制をとっているか確認してみましょう。

技能実習生の受け入れで壁になりがちなのが、日本語でのコミュニケーション能力や異なる文化による価値観の違いです。

こうしたハードルを少しでも下げるために、実習生を対象に日本語学習を支援していたり、受け入れ企業を対象に「やさしい日本語」などの情報を提供したりするなどコミュニケーション向上のための工夫を行っているかどうかも、選ぶポイントにすると良いでしょう。

ＡＳＥＡの場合は実習生の母国語が話せる日本人スタッフや、以前海外に関連する仕事をしていたメンバーが在籍しています。

実習生の母国の文化や習慣に精通している日本人メンバーと、日本在住歴が長く日本の生活環境にも理解のある外国籍のスタッフが協力し合える環境があります。

両国の文化や習慣に理解を持ち、中立的な考え方のできるスタッフが揃っていることが大きな強みです。

入国前に基礎的な日本語は学んではいるものの、業務上での細かいやりとりや生活面での日本語のコミュニケーション能力がまだ十分ではない実習生の悩みや相談を聞いたり、企業からの相談や要望を実習生に分かりやすく伝えたりすることで双方の認識のズレを解消しています。


また、監理団体は技能実習生の安全かつ適正な実習環境を確認するために、訪問指導と監査として定期的な訪問を行います。第１号技能実習の期間は、毎月１回以上の頻度で企業を訪問します。

第２号技能実習以降（２年目以降）は、訪問頻度が３カ月に１回以上となります。

ＡＳＥＡの例では定期訪問の他、トラブル発生時には企業と実習生の双方にヒアリングを行い、問題が小さなうちに解決していけるよう対応しています。どちらにとってもいつでも気軽に相談ができる存在がいることは心強い支えとなり、大きな安心感につながると考えています。

このように、各監理団体にはそれぞれの強みや大切にしている方針があります。監理団体を選ぶ際には、受け入れ企業が監理団体に何を求めているかによって選択肢が変わってきます。そういう点では実績の高さだけでなく、企業の目的に合った監理団体かどうかも選択する際の大きな要素といえます。

Q3 従業員が少なくても、外国人材は受け入れられますか？

A 個人事業主でも受け入れは可能です。

技能実習生は、現時点での技能実習制度で認められている業種であれば、受け入れ企業の規模に制限はなく、個人事業や家族経営の農家さんなどでも受け入れができます。

しかし、「たくさんの人にうちで学んでほしい」という希望が叶うかというと、残念ながらそれはNOです。

受け入れられる実習生の上限は、法律で定められていて、技能実習生の場合、「受け入れ企業の常勤職員（雇用保険に加入している従業員）の数」によって人数が決まってきます。

技能実習法で定められている第1号技能実習生の基本人数枠は、受け入れ企業の常勤職員総数が30人以下の場合は上限3人まで、31～40人は4人までといったように、常勤職員の人数が増えれば、多く受け入れられるしくみになっています。

さらに、受け入れ企業が「過去の技能実習生の技能検定の合格率が高い」「技能実習生への待遇がいい」など様々な観点を基に優良認定されると、基本人数枠の倍の数の技能実習生を受け入れることができます。

そして、第1号・第2号技能実習生に加えて、第3号技能実習生の受け入れも可能になります。

このように、企業の実績によって、受け入れられる実習生の数が優遇されているのです（図表⑬）。

ただし、介護や建設などの一部の業種では、事業所の常勤職員の総数を超えてはいけないという規定があります（詳しくは外国人技能実習機構のホームページ参照）。

図表⑬ 技能実習生の受け入れ可能人数（団体監理型）

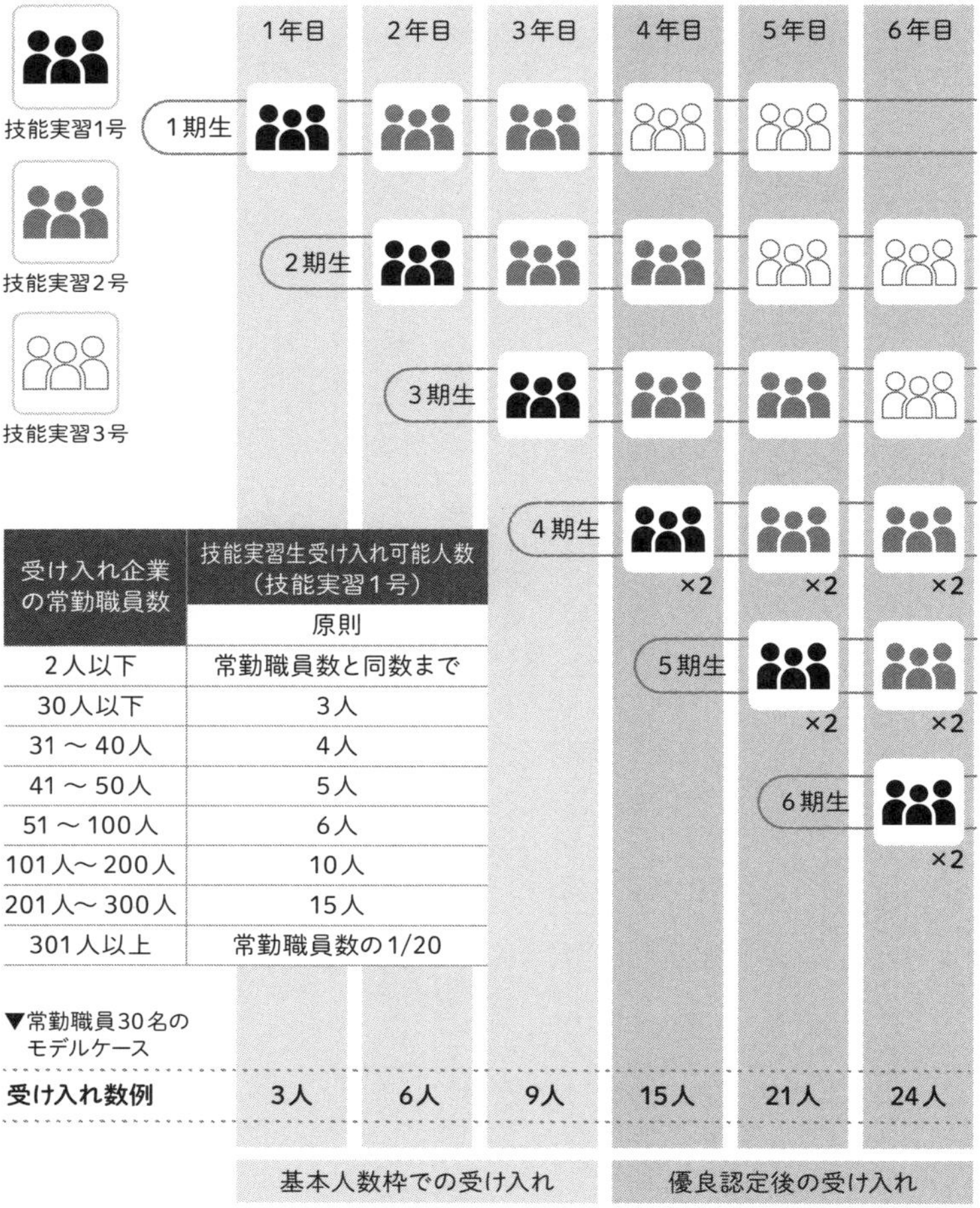

受け入れ企業の常勤職員数	技能実習生受け入れ可能人数（技能実習1号）
	原則
2人以下	常勤職員数と同数まで
30人以下	3人
31～40人	4人
41～50人	5人
51～100人	6人
101人～200人	10人
201人～300人	15人
301人以上	常勤職員数の1/20

※ 1年ごとに受け入れができる実習生の人数は、企業の常勤職員数により異なります。
※ 常勤職員3名以上の優良認定を受けた企業は、受け入れ可能人数が倍になります。

受け入れ体制が整っているかのチェックがある

ただ、申請をすればどんな企業でも受け入れができるというわけではありません。まず実習生の生活を保障するだけの報酬が払えるかどうかを確認するために、検討している監理団体に決算書の提示をします。

また、過去に労災で罰金刑などを受けていないかの確認もあります。これらが満たされていなかったり、欠格事由に該当したりする場合は、技能実習生を受け入れることができません。

詳しい内容は厚生労働省のホームページにも記載されていますが、企業だけで判断をするのはなかなか難しいと思いますので、監理団体に問い合わせてみることをおすすめします。

「うちの会社は受け入れができるのだろうか……?」とあれこれ心配をする前に、まずは気軽に問い合わせをしてみましょう。

Q4 「技能実習」と「特定技能」で迷っています。どのようなポイントで選べばいいですか？

A 「人材育成」か「即戦力」か、で選択が分かれます。

技能実習制度と特定技能制度は、「外国人材を受け入れる」という点では同じですが、受け入れの目的がまったく異なります。

技能実習生の受け入れ目的の1つは「人材育成」です。日本の働き方や技術を学びにやって来る海外の方に、企業がこれまで培ってきた知識や技術を教え、育てていくことが主な目的になります。「教える側」と「学ぶ側」の関係になるため、企業も「育てる」という意識が高まり、従業員の指導スキルの向上が期待できます。

また、教えた知識や技術を実習生が母国に持ち帰り、経済発展の力になることで、企業は国際貢献を果たすことができます。

SDGs活動にもこれらは当てはまります。

例えば技能実習生の受け入れは「目標10：人や国の不平等をなくそう」に対して取り組んでいるとも言えます。持続可能で多様性に配慮した企業、国際的な責任を果たす企業として社会的評価が高まります。こうした実績は企業のCSR（Corporate Social Responsibility」の略／「企業の社会的責任」を意味します）活動として評価されることにもつながっていきます。

技能実習生を受け入れるメリットは他にもあります。

例えば、職場の活性化。インドネシアからやって来る技能実習生は20代の若者が中心です。若い人材を受け入れることによって、高齢化やマンネリ化が進んでいる職場に新しい風を吹き込むことができます。

特にインドネシアの若者は、年配者を敬う考え方が根付いているため、年上や目上の従業員の言葉に素直に耳を傾けようとしてくれます。

そのため、これまでも「とても教え甲斐がある」という指導員の声をよく耳にしてきました。

はじめは日本語でのコミュニケーションがうまく図れないなどの苦労はあるかと思います。しかし、長い目で見ると、働くことが目的でやって来る特定技能外国人と比較すると、監理団体の支援を受けながら、一定期間の実習を通して信頼関係を構築しやすい点が大きなメリットといえるでしょう。

企業と実習生の間で信頼関係が生まれると、第2号技能実習修了後、第3号への移行を希望し、最長5年日本に滞在する実習生もいます。

さらに、特定技能に移行してそのまま同じ職場で働くことを希望する実習生も。こうした関係が生まれるのは、「1から育ててもらった」という感謝の気持ちが大きいからのように感じます。

イメージとしては、まだ社会経験の少ない新入社員を1から育て、その新入社員がだんだんと成長して頼もしい存在になっていく、といった感じでしょうか。

「人財」として1から育てるか、即戦力を求めるか

一方、特定技能外国人の受け入れ目的は、人手不足を解消するための「人材確保」です。入国後、すぐに力になってもらうために評価試験の合格が必須など、受け入れ条件は技能実習生よりも高めに設定されています。

特定技能外国人を受け入れるメリットは、なんといっても「即戦力」です。今すぐ働き手が欲しいという場合は、大きな力になってくれるでしょう。

また、ある企業では、近い将来、インドネシアに新しい工場を設立する計画を立てていました。そこで、将来的に現地法人で幹部となる人材を育てたいと考え、その候補としてインドネシアから技能実習生を受け入れることにしたのです。

一方で、製造ラインでは人手不足が深刻化していました。求人を出してもなかなか人が集まりません。そこで、今すぐ力になってくれる即戦力を求めて、技能の必要な業務に加えて、製造ラインも担ってもらう特定技能外国人

を受け入れることにしました。このように、同じ企業でも、技能実習生と特定技能外国人を目的に応じて受け入れているというケースもあります。

どちらの制度も適正な環境を提供することが成功へのカギ

このように、「人手不足」といった企業が直面している課題や、「企業の若返り」などの将来的なビジョン、「国際貢献」といった社会的責任に対する姿勢など、様々な側面を考慮して、受け入れ企業にとって最適な制度を選択すると良いでしょう。

ただ、どちらを選ぶにしても、大切なポイントがあります。それは、職場環境を適切に保ったり、ウェルカムな雰囲気を作ったりするなど、雇用する外国人材に対して配慮を示すことです。

現行の制度では滞在期間の上限はありますが、外国人材にとって学びやすい場であること、働きやすい場であることが、企業で長く活躍してくれるポイントになることは間違いありません。

国籍や出身地に限らず、早期離職が問題になっている今、同じ職場に長くいてもらえることは、企業にとって大きなメリットになります。そのためには、会社の環境を整えることで「選ばれる企業」になることを意識していくことが大切です。

Q5 入国時の技能実習生の日本語はどのくらいのレベルですか？

A 基礎的な日本語は学んできますが、習得のレベルには個人差があります。

技能実習生が日本にやって来るときの日本語レベルは、制度上では日本語能力試験N４レベルまたは同等のレベルが望ましいとされています（ただし合格要件はなし。介護職は合格要)。

日本語能力試験N４レベルとは、「基本的な語彙や漢字を使って書かれた日常生活の中でも身近な話題の文章を、読んで理解することができる」「日常的な場面で、ややゆっくりと話される会話であれば、内容がほぼ理解できる」状態（日本語能力試験公式ホームページより）。

こうお伝えすると、「じゃあ大丈夫だ」と思われがちですが、正直なところ習得レベルは実習生によってまちまちです。

例えば、日本のアニメや音楽などのサブカルチャーが好き、YouTubeをよく観ているという方の場合は、かなり日本語の知識が豊富だったりします。

また、日本への関心が高いため、入国してからも日本語を積極的に吸収しようとする姿勢も。こういうタイプの方は、実習期間中もどんどん日本語が上達していきます。まさに「好きこそ物の上手なれ」というわけです。

日本語でのやりとりが多い環境ほど、日本語の上達は早い

一方、入国前にある程度の日本語は学んではきたものの、実際はそこまで話せない方も実はたくさんいます。

日本では何年間もかけて英語を学んできていますが、実際に使えるまでのレベルに

達しているかと言われると個人差はあるものの、なかなかそうとも言い切れません。

実習生も同様です。日本語を学んできたからといって、日本語を母国語とする従業員と何不自由なくコミュニケーションが取れるというわけではありません。自己紹介などの基本的な会話はできたとしても、日本語による会話のキャッチボールとなるとハードルは一気に上がります。

そこで、ＡＳＥＡでは、「基礎的な日本語を学んできてはいますが、最初はあまり期待値を上げないで、温かく見守ってあげてください」とお伝えしています。実際に日本で暮らし、技能を覚える中で日本語も習得していく実習生が大半だからです。

先述した「やさしい日本語」を意識して、従業員の方々がゆっくり話したり、簡単な言葉を使ったり、休憩の際にできるだけ話しかけてみるなどの配慮も必要です。

日本語でのやりとりが多い環境ほど、日本語も早く上達していきます。

Q6

日本語の指導は他の企業ではどのようにしていますか？

A

入国前に専門用語を覚えてきてもらったり、実習期間中に母国語を話さない日を設定したりするなど、様々な工夫をされています。

入国前に基礎的な日本語を学んできたとしても、職場ではその業界ならではの専門用語があったりします。

例えばお菓子やパンなどを製造する食品会社では、輸送などで使用される薄型の運搬容器のことを「番重（ばんじゅう）」と呼ぶそうです。実は、私もこの仕事に就いて初めてその言葉を知りました。

食品会社、建設会社、介護施設など、各業界にはそれぞれ専門用語があります。こうした専門用語には、日本語を話す私たちでも聞いたことがない言葉がたくさん存在します。日本語を勉強して間もない方なら、なおさらです。

入国前研修は基礎的な日本語の学習になりますので、こうした専門用語は配属後に実習を行いながら覚えていくことになります。

しかし、専門用語につまずいてしまい、順調なスタートが切れずにモチベーションが下がってしまうという事態は避けたいものです。

そこで、ＡＳＥＡでは、実習前に覚えておいて欲しい専門用語があれば事前にリストアップしていただくようお伝えしています。配属前の専門用語の習得はリクエストに応じてということになりますが、先に覚えていただくと、スムーズに実習に入ることができます。

また、技能実習生を対象にしたスマートフォンアプリ「げんばのにほんご」（https://www.otit.go.jp/kyozai/）の活用もおすすめです。

このアプリは、技能実習生が技能習得に必要な日本語を学習することを目的に、外国人技能実習機構が開発したもので、まさに技能実習生のための日本語教材アプリ。

スマートフォンにインストールすれば、無料で学習することができます。

英語、中国語、ベトナム語、インドネシア語、カンボジア語、タイ語、ミャンマー語、タガログ語の8言語が用意されていて、「食品製造関係職種」「建設関係職種」「農業関係職種」「機械・金属関係職種」「繊維・衣服関係職種」の5職種に対応しています（2025年1月時点）。

業界用語をはじめ、業務上で遭遇する様々なシーンで使う単語や会話を学習することができ、実践力を鍛えることができます。

受け入れ企業のアプローチ次第で日本語はどんどん上達していく

日本語の上達には職場環境が大きく影響します。

1つの国から実習生を複数人受け入れた場合、ホームシックになりにくいなどのメリットはありますが、一方で同じ言語を話す者同士だとついつい母国語で話してしまうということが起こります。

そうなると、なかなか日本語が上達していきません。

そこで、今までフィリピンから受け入れを行っていたけれど、あえてインドネシアからの受け入れを始めたという企業もあります。母国語が違う者同士が集まれば、必然的に共通語である日本語を使わなければならない状況になり、日本語の上達も早くなるからです。

職場では他の従業員と話す機会が多いので日本語でやりとりをするけれど、寮やアパートに戻ると同じ国の人たちと生活を共にするので、母国語に戻ってしまう……これはある程度仕方がないことだと思いますが、「水曜日の夜は日本語デーにしましょう！」と、「日本語オンリー」の日を実習生と相談して設定した企業もあります。

なかには「職場で慣れない日本語で会話をしているのだから、自分の部屋に戻ったときくらい母国語を話したい」という実習生もいると思いますが、ときどきこういう日を設けておくことで、生活の中でも日本語を意識するようになります。

週に1回という設定であれば、実習生の負担にもなりにくく、案外楽しんで取り組んでいるようです。

また、地域の日本語教室やオンライン日本語講座などを活用されている企業もあります。

他にも、指導員や従業員が積極的に地域のイベントや観光に連れていくことで日本語でのコミュニケーションの機会が増えたケースや、実習生と年が近い従業員と、休みの日にみんなで一緒に遊びに出かけて仲良くなり、日本語が上達するというケースもあります。

このように、**受け入れ企業のちょっとした工夫や配慮で、日本語の成長の後押しができます。**

実際に日本語能力が伸びたことによって、朝礼に参加して意見を伝える、漢字を使った日本語で日報を書く、作業の進め方について日本語でアイデアを出すなど、頼もしい成長を遂げた実習生も見てきました。

Q7 技能実習生が病気やケガをした場合の補償はどうなりますか？

A 技能実習生を対象にした総合保険の加入をおすすめしています。

異国で生活するという状況は、予想以上に身体へのストレスもかかり、病気になるリスクも高くなります。

こうしたときに心強い味方となってくれるのが、病気や不慮の事故などに対応している技能実習生向け総合保険です。

この保険は、日本で暮らす技能実習生の病気やケガ、個人賠償責任に対する補償が受けられる保険です。

あまり考えたくはありませんが、異国での慣れない暮らしの中で、気候や食べ物が合わなくて体調を崩したり、生活習慣の違いから思わぬトラブルに巻き込まれてしまったりすることは起こり得ます。

特に技能実習生の場合、高額な医療費や実習の遅れを心配して、体調がすぐれないのに病院に行くことを我慢してしまう方がいます。

しかし、そのような状態で実習を続けると、病気が悪化したり、思わぬ事故につながってしまうことがあります。

この保険では、歯科治療を除く病気やケガの治療費が全額カバーされますので、まだ症状が軽いうちに治療をうけやすくなります。また、通勤などに使う自転車でモノを壊してしまったり、人にケガをさせてしまったりしたときの賠償もカバーできます。

Q8 契約中に企業側の事情で受け入れが困難になった場合は？

A 組合員の企業に受け入れをお願いすることもあります。

基本的に実習生を契約期間の途中で解雇することはできません。

しかし、昨今のたび重なる自然災害や経済状況などによって、契約の途中で実習生の受け入れが困難になってしまうケースは、必ずしも「ない」とは言い切れないのも事実。

特に新型コロナウイルスが蔓延してあらゆる業界が痛手を被った数年間は、実習生を受け入れていた企業が生産をストップさせなければならなくなったこともありました。

組合員企業の協力を得て、実習を継続

こうしたケースでは、まず受け入れ企業から「ある事情で、実習の継続が難しくなってしまいました」などのご相談が監理団体に入ります。事情が法令に照らし合わせて、やむを得ない場合は、監理団体は速やかに、次の受け入れ先を探します。

ASEAの例では、現在200社ほどの組合員企業がいらっしゃいますので、まずはその中で受け入れてくれそうな企業に声をかけます。

大変ありがたいことに、お付き合いのある企業には、「こんなときはお互い様」「うちで力になれることがあれば」と考えてくださる企業が多く、快く受け入れてくださいました。

ただ、これらの事例はイレギュラーで、すべてのケースに当てはまるわけではありません。

必ず今の監理団体の中だけで転籍企業を見つけられるとも限りません。専門機関に相談し、他の監理団体で受け入れてくれる企業を探すというケースもあるでしょう。

実際にＡＳＥＡでも、実習が困難になった実習生の転籍を他の監理団体に依頼したこともありますし、連絡をいただいて転籍を支援したこともあります。

技能実習生として日本にやって来る方々は、大きな覚悟を持って来日してきますので、私たちもそれに応えられるように支援したいと考えています。

変化が激しく未来が予測しづらい今の時代、企業にとっても思わぬ事態が起こることも考えられます。外国人材を受け入れる際には、こうした予想外の事態も想定して、そのときにどのように対応すべきなのか、事前にリスク管理をしておくことは大切です。

コラム②　技能実習生だったテグーさんのその後

「自分が叶えた夢を、次は若い世代につなげていきたい」

【基本データ】
・2017年来日　滞在年数／通算5年間
【受け入れ企業】
・京都の建設会社

言語の習得が成功のカギに

日本へ行く前は、外資系企業の自動車工場や建設現場で働いていました。

なかでも日本企業が働きやすく、そこで出会った日本人スタッフもとても良い印象だったので、異国の地でも日本ならきっとうまくいくと確信していました。

実習先は京都にある建設会社。主な実習内容は建築板金です。銅板を使った壁を作ったり、銅板の屋根や雨どいの取り付けをしたり。住宅、マンション、工場、公共工事などの一般建造物だけでなく、歴史的建造物の工事など、幅広く行っている会社でした。

実習中、いちばん苦労したのは、日本語でのコミュニケーションです。日本語学校や送出機関で基礎は学んできたものの、実際のやりとりになると分からないことだらけでした。

日本語は同じ発音でも意味の異なる言葉も多いし、敬語の使い分けがまた複雑。

そして、私が暮らしていた京都には、京ことばがあり、これに慣れるまでに時間を要しました。でも、指導員の方々をはじめ、まわりの人たちに助けられながら、少しずつ日本語を身に付けていくことができました。

日本語が上達してくると、会社の人たちともコミュニケーションが取れるようになり、実習の面でも力を付けていくことができました。

「言語の習得は、異国での成功のカギになる」。これが日本で私が最も実感したことです。

実習では板金の技術だけでなく、日本人の礼儀正しさや、環境や自然に対する意識の高さ、道徳観や倫理観など、多くのことを学びました。

自分の経験を生かして、地域に貢献したい

日本に暮らして3年が経ち、第2号技能実習を修了してインドネシアに一時帰国したときのことです。

当時、私の家族が住んでいた地域では、日本へ技能実習に行っている人や、技能実習制度に興味を持っている若者が増えていることを知りました。

そのときに初めて、自分のこれまでの経験を生かして、地域に貢献したいと思うようになりました。

そして、将来、インドネシアで日本語学校を開くという夢を持つようになったのです。

その後、日本に戻って、第3号技能実習の満了（技能をさらに熟達させ、より高度な技術や知識を身に付けること）を目指しました。将来の目標ができると、日々の実習が夢に近づくための一歩一歩のように感じられ、励みになりました。

この頃になると、私の日本語もだいぶ上達し、会社での居心地はさらに良くなっていきました。同じ会社で5年間実習を続けたのは、私に多くのことを教えてくださった受け入れ企業に成長する姿を見せて、恩返しをしたいという気持ちが芽生えていたからです。

第3号技能実習修了後、会社から特定技能への移行を勧められました。自分を頼りにしてくれていると感じ、とても嬉しかったです。でも、私は5年間の日本生活にピリオドを打ち、インドネシアに帰国する決断をしました。

長らく離れて暮らしていた家族と一緒に暮らしたかったのと、一時帰国以来温めてきたインドネシアに日本語学校を作るという夢を実現させたいという思いが強かったからです。

送出機関を設立し、より多くの若者の夢を叶えたい

帰国後、チラチャップという町に、長年の夢だった日本語学校を設立しました。スタッフは現在3人。2023年5月から現在までの受講生は55人で、そのうち35人がインドネシアの日系企業に就職し、15人が技能実習生として日本に飛び立ちました。

現在は20人の若者が日本語と日本の文化を学んでいます（すべて取材当時）。

日本語学校を設立した翌年、技能実習でお世話になった会社の社長が私の学校を見に来てくださいました。日本で5年間お世話になった人々と、今もこうしてよい関係でいられることをとても嬉しく思いますし、大変感謝しています。

また、まだ先の話になりますが、将来、より多くのインドネシアの若者を支援するために、日本へ送り出す手続きと教育を行う送出機関を設立するという夢があります。送出機関であれば、彼らが日本へ渡ってからもインドネシアから継続してサポートしてあげられるようになります。

日本で過ごした5年間で得た技能や知識、人間関係は、私自身のキャリアだけでなく、地元に貢献する想いにつながっています。

この経験は私の人生の中でとても貴重な財産であり、尊い経験となりました。実習中に強く感じた、言葉の大切さ。その土台となる力を付けるために、少しでも役に立ちたいという思いがあります。

自分が叶えた夢を、次は若い世代につなげていきたい、そう願っています。

おわりに

前職のＩＴ企業から、畑違いの「外国人材受け入れ支援」の仕事に携わるようになって、今年で10年。

初めてこの世界に入ったとき、不安がなかったと言えば嘘になりますが、当時迷いに迷って、人生を終えるときにベッドに横たわった自分を想像し、そのとき「これをやらないで後悔しないか」と考えたら、「きっと後悔する」と思い、踏み出してみて今があります。

アジアの若者に、もっとチャンスを掴んでほしい。

その強い思いを持って、ＡＳＥＡのメンバーと一緒にここまで歩んできました。組合員である受け入れ企業のご協力もあり、おかげさまで、２６００人の方々に、日本行きのチケットを渡すことができました（２０２５年１月時点）。

「日本に来てもう7年になります。これからも日本で頑張っていきたいです（技能実習から特定技能に移行した方）」
「病気がちな父に代わり、帰国後も一家の大黒柱として日系企業で働くことができました。そのおかげで、弟たちを学校に行かせることができています」
「長年の夢だった日本料理店を開きました。おいしいと地元でけっこう評判なんです」

そんな声が届くたびに、実習生として日本にやって来たご本人だけでなく、そのご家族やまわりの方々の幸せにもつながったことを、心から嬉しく思います。

また、受け入れ企業からも、

「海外の若い人たちが来るようになって、職場に活気が出た」
「ベテラン従業員の方が張り切って指導をしてくれている」

などの声をたくさんいただいています。

こうした嬉しい声を聞くたびに、「この世界に飛び込んで本当に良かった。あのときの選択は正しかったよ」と、あの頃の自分に言ってあげたくなります。

技能実習生の受け入れを主事業とする協同組合は、営利を目的としない団体。世界を舞台に新しいマーケットを開拓していた前職の仕事とは大きく違います。

以前は自分自身や会社の成長のために仕事を頑張り、その成果が大きなやりがいになっていましたが、今は「社会のために何か役立つことができないだろうか」、と考える自分がいます。

そう思うようになったのは、自分が社会人になってからこれまで、恵まれた環境の中でたくさんのチャンスをいただいたからだと思います。

人生の半ばに差しかかろうとしている今は、そのチャンスを自分以外の人に提供していきたい。言葉にすると、きれい事のように聞こえますが、それが本心です。

外国人材の受け入れサポートをしていく中で、これまでたくさんの企業にお邪魔させていただきました。受け入れる前は、不安を感じていた企業も、実習が始まって数カ月後に訪問すると、初めて訪れたときよりも活気があるように感じたことが多々ありました。

特に印象に残ったのが、高齢のベテラン従業員の方が、意気揚々と実習生に技術を教えている姿です。

教えることにやりがいを感じているシニア人材と、日本で働くことに夢を持ってやって来る外国人材の両方に可能性を感じるようになりました。

そこで、ASEAでは、これまで通り「外国人材の受け入れサポート」に軸をおきながら、強みである労働関係法令や人材支援の知識を生かして、今後は日本のシニア人材の紹介も行う予定です。

「人生100年時代」に向けて、シニアの雇用促進が政府からも提言されています。しかし現状は、1つの企業でずっと働き続けるのは難しく、また再就職のハードルは高い。働きたくても働き口がないという方がたくさんいらっしゃいます。

そんなまだまだ働く意欲のあるシニアの方が、イキイキと働ける場があれば……、と、外国人材を受け入れている企業を訪れるたびに思うようになったのです。

シニア事業についてはまだ始まったばかりで手探り状態ですが、シニアの方が長年培ってきた知識や技術を、外国人材に限らず、若い人たちに伝えていく。そんな光景が当たり前の社会になったらいいなと思っています。

最後になりますが、本書を手に取ってくださりありがとうございました。１人でも多くの方が外国人材の受け入れに興味を持ってくだされば幸いです。

また、「外国人材受け入れプロジェクト」を成功に導いた数多くの受け入れ企業、海外から来られて頑張っている皆さん、日頃ＡＳＥＡに協力してくださっているすべての方々へこの場を借りて、お礼を申し上げます。

すべての人がチャンスを感じられる社会に――。

2025年3月

アジア技術交流協同組合（ASEA）代表理事

下茅 亮

［著者］
下茅　亮（しもかや・りょう）
アジア技術交流協同組合（ASEA）代表理事
1974年、高知県生まれ。青山学院大学大学院国際マネジメント研究科（MBA）修了。2016年までNECグループ企業に勤務し、事業企画部門の管理職として海外現地法人のコンサルプロジェクト等を担当。同社在職中に米国PMI認定の国際資格であるプロジェクトマネジメントプロフェッショナル（PMP）を取得。海外事業に携わる中で国際貢献に関心を持ち、ASEAに入職。2018年より代表理事に就任。

アジア技術交流協同組合（ASEA）ホームページ　https://asea.jp/

はじめての「外国人材受け入れプロジェクト」
――「技能実習」「特定技能」受け入れを成功に導く

2025年３月25日　第１刷発行

著　者――――下茅　亮
発行所――――ダイヤモンド社
〒150-8409　東京都渋谷区神宮前6-12-17
https://www.diamond.co.jp/
電話／03･5778･7235（編集）　03･5778･7240（販売）
装丁・本文デザイン――岸　和泉
編集協力――――――石渡真由美
イラスト――――――梶浦ゆみこ
校正――――――――鷗来堂
製作進行――――――ダイヤモンド・グラフィック社
印刷――――――――信毎書籍印刷（本文）・新藤慶昌堂（カバー）
製本――――――――加藤製本
編集担当――――――加藤貴恵

ISBN 978-4-478-12023-1